天下文化
BELIEVE IN READING

老得好優雅

the gift of Years

Growing
Older
Gracefully

瓊・齊諦斯特——著　唐勤——譯
Joan Chittister

出版緣起

人生向晚，依然燦爛

王力行

一九九七年，也就是二十年前，「天下文化」出版《新中年主張》。作者蓋爾・希伊（Gail Sheehy）師承人類學大師瑪格麗特・米德(Margaret Mead)，擔任過記者、評論員，並被喻為「最優秀的雜誌編輯」。她出版過十七本書，尤以討論人生變化的《人生變遷》（*Passages*）、《無聲的變遷》（*The Silent Passage*）和《新中年主張》（*New Passage*），影響美國社會深遠，獲國會圖書館列為十大影響這個時代的書。

希伊長期投入研究人生課題，在寫《新中年主張》時，親訪了數百位年過半百、不同行業的成功退休人士，透過他們的生活歷史拼出的圖像，特別精采和渾實。它點出人生不同階段的風貌：繁華四十、閃耀五十、和諧六十。

書中提出「和諧六十」，是因為作者發現不少年過六十的人，依然可以熱情洋溢、重新整合人生。

這種發現印證了德國心理學家埃里克森（Erick H. Erikson）定義的整合人生：一種充滿意義和秩序的心靈，一種大公無私愛人的能力，和一種接受過往生命歷程的和諧心境。

巧的是，最近網上盛傳一篇文章，是前衛生署長邱文達談「人生第四個二十，是黃金年代」。

他把人生百年分成五個二十年。第一個二十年，求學為主；第二個二十年，事業為主；第三個二十年，最忙碌艱難，家庭、事業、子女、社會都要兼顧。唯有進入第四個二十年（六十歲至八十歲），才是無憂無慮、無牽無掛，擁有金錢、健康和時間，享受人生的黃金時代。

聽到退休，腦中的聯想是解脫？獎勵？還是被放逐？根據研究，愈是事業有成的人愈覺恐懼。美國一位報業傳奇人物的妻子，形容丈夫退休時的情境：「最糟的不是失去頭銜，而是失掉可供指揮的團隊。前一天還和上百位頭腦一流的人交換意見、談國內外大事，第二天一片寂靜，連個電話都沒有。」在美國好萊塢名人中，處理人生變遷較和諧平衡的人就是克林・伊斯威特（Clint Eastwood）。

克林不僅在選擇劇本角色中，從充滿活力的西部牛仔，漸漸演到內心脆弱的真實老者，改寫昔日的男性神話。他晚年還當過加州卡梅爾鎮鎮長，投入公共事務。

老年生活怎麼過 取決於自己

當人生跨入向晚時分，不少人心智總在「蒼老」和「依舊年輕」中徘徊。這個時候的選擇將擁有更大的自由和自主。

在美國，已看到不少非營利組織提供服務，協助退休銀髮族邁向更完美人生。美國退休人員協會（American Association of Retired Persons, AARP）就是一個典範，加入了這個協會，要旅行時，只要登入官網，很快就能解決機票、旅館、行程，甚至上遊輪的問題。

遇到報稅期，也可以上網去查如何節稅；個人理財、折扣購物、合宜置產、醫療諮詢……。協會也和各商家如甜甜圈Dunkin' Donuts、玩具反斗城、電影院等聯名，提供「銀髮折扣」。

當然還有各式各樣的學習課程，甚至參與公共事務討論。會友願意擔任義工、重新創業，都可以在這裡找到協助。只要付少額會費，每個月還可以收到精美會刊，分享這些黃金歲月同伴的精采經驗。

不少會友說：「我感激這樣的服務，我覺得真的有人在我年老時照顧我！」

台灣人口快速老化中，預計二〇二五年時，每五位成年人中，就有一位老人。生醫科技的發展，目前平均餘命已超過八十歲。退休以後的時間，應是人生另一個無憂自在的黃金時代。

「天下文化」正在為這個世代的讀者，出版一系列50+書籍，開啟他們向晚燦爛、獨立智慧的旅程。

（本文作者為遠見・天下文化事業群發行人）

老年的最高境界

樂茞軍（作家）

銀髮大軍來了！人類很有趣，巴望長壽卻畏懼年老。人口老化讓很多國家不得不慎重研究如何處理這件大事，「老年學」快要成顯學了。坊間越來越多談老年的書，我覺得七十歲以前寫老就像寫詩、寫散文、寫小說，還有些「虛擬創造」的意味，根據社會學者說，六十五到七十四歲是「老青年期」，所以真正體會到「老」至少要七十歲。本書作者年過七十，而我這讀者剛到八十五，都有資格談老了。

「優雅」是一種氣質，而「優雅」和「氣質」都滿抽象的，如何老得優雅？作者用很多具體的行為和觀念來讓抽象成為具象，說明「老」是可以優雅的。

在觀念上先要了解生命的意義和本質。老了以後可能所有外在都逐漸剝落了。頭銜、職務、收入減少，人際關係凋零，最後只剩下一個自己，但這個自己只要還活著，生命就存在，存在就有意義，你可以做自己。要歡喜以後有更多的時間做自己愛做的事情，要高興晚年得來的自由，解除了必須按大眾標準過日的義務。這個生命就值得活著。

作者觀察到老人有兩類，酸苦的和寧靜的。前者氣世界不再是自己的，後者則眼界更寬，聽別人說話更有經驗，自己說話頭腦更明白。接受老，承認老；了解生命，享受生命，愛上生命。心中沒有喜悅的就成了一肚氣子的老頭，一肚子抱怨的老太婆（讀到這裡我不禁笑起來，是的我看過）。老了以後「一定不要做的」就是「什麼也不做」，從自己內裡壞死！

老了以後要能獨處，獨處不是寂寞是選擇，不是逃離生命，是走向內在，更深的凝視生命的意義。當然寂寞也是有的，死了，人家記得你，年紀大了卻很可能被人忘了。如果不希望別人忘了自己，就得去尋找需要自己的人或事，「被需要」就不寂寞。

「怕老」是心理的大病，怕身體上的病變，怕老而無依，聽到親友亡故就問什麼病？比我大幾歲？作者這些觀察既深刻又真實，很多老人真的在這些杯弓蛇影下自己嚇自已，吃一大堆不必要的藥，補一大串不必要的補。死亡既是所有生命必然的結束，抗拒就是徒然的。

作者處方老年優雅的條件還有：人際關係老了以後可重新開始，只要自己走出去，就有機會交朋友。甚至愛情也不是不可能，即使不談戀愛，談談話締結結友情也是美好的人際關係。另外，終身學習永遠是需要的。學習可以決定健康與否，生命的自我滿意的程度如何。永遠不要用老來拒絕學習，作者引用柏拉圖的話「當肉眼的視力衰退，心眼的視力就增進」，老不是理由。

除此以外，老人的心理建設很重要，在幾乎普遍有年齡歧視的社會裡，老人的形象常常是「身體虛弱，腦筋糊塗，鎮日打著哆嗦，沒事可做，啥也不懂，啥也不知，喃喃自語……」但作者舉出很多例子說明老人絕不是這樣的，所以我們不必道歉、不必恐懼、抗拒，不能當成末日。老人有明天，而「明天是用來活的，不是用來蹣跚走過生命，等待死亡的。」

自尊、自信、自在、寬容、豁達、終身學習、關懷分享，就是優雅的實質，也是老年的最高境界。

尋找老化的答案與喜悅

林靜芸（聯合整形外科診所院長）

身為整形外科醫師，我習慣從文獻尋找「老化」答案。閱讀《老得好優雅》讓我感受很大的喜悅，因為其中許多字句解答了我心中對老化的疑惑。

老人沒有工作要完成，沒有截止日期要趕，生命似乎沒有要素，但是「什麼也擋不住我們」。所以，老人的當務之急是「好好活出自己的生命，就是拯救一個生命」，「生命是變得比自己更大，成為自己能成為的一切」。

「一個有用的生命進入黃昏期會自備燈火」，希望本書也能成為您的燈火！

「老去」的生命任務

許皓宜（作家、心理諮商師）

我常常思考，「老」的定義是什麼？按學術理論來說，我幾乎可以就生理和心理層面來回答這個問題，然而我又隱約感覺，「老」對現代人來說，似乎具有一份無法用語言符號來形容的意義。在這種困惑中，我常常覺得自己不能理解正在「老去」的父母——他們詭異的言論與行為，他們莫名的積極與消極。

直到看了《老得好優雅》，我突然明白，「老去」的任務其實是一種對自我生命的交代，無需旁人過問。身為子女，我只管支持父母年老時的優雅就好——像他們扶持我學步一般，陪伴他們，欣賞「老」中的美好。

新鮮、溫暖的生命之秋

番紅花（作家）

醫美整形事業的發達，反映出歲月是公平的，時間之神不因人的社經地位不同而有所偏袒。除此之外，也顯露出許多人對形貌「變老」的不安與焦慮，因此求助於外力手術，冀望可延緩或掩飾我們老去的身形臉龐。

這世界對於年老的定義一直在變化，但不論幾歲可稱之為老或熟齡，放下對老的恐懼，接納變老的事實，去追求心靈上優雅、活力、熱情的狀態，則時間依舊會應允我們豐盛、滿足與歡喜。在優雅中老去的影星奧黛麗．赫本，即是最好的典範。

人生的每一個階段都在學習，老年亦然，因此，從四、五十歲開始進修「老年學」，將引領我們迎來新鮮、溫暖的生命之秋。

目錄

卷首語 生命的目的

凱瑞郡的一月早晨。我的下方，島岸巉崖外的大西洋，白色的浪頭和洶湧的排濤衝擊岩岸的細碎石嶼，水沫掀騰。前兩個晚上的暴風雨淋透了這座愛爾蘭石頭小屋緊依的丘陵，幾個小時後，禿枝上水珠仍然不斷滑落，使窗外的小溪狂野的流下山坡，沖進下方的山谷。這是凱瑞郡一個平常的冬日。

雖然，對某些人來說，這個冬日並不平常。兩天來咆哮撼地的狂風中，一艘拖網漁船和五名愛爾蘭漁夫據報在海上失蹤。今天早上，漁夫正式宣告死亡，風浪還太大，無法搜尋屍體。

那些人是誰，年紀多大，我不知道。不過我知道一件事：生命跟時間都是幽靈。它們屬於我們，同時又不屬於我們。有人像遭逢當季暴風雨的漁夫一樣，意外的離開了。而絕大多數人，如你如我，卻一步一步的走過生命，一方面很肯定，自己永遠不會停步，另一方面又很明白，要不了多久一切都會結束。

在這樣安靜而心頭雪亮的時刻，我們有必要自問：老化、變老、老了、成為社會尊重的長者，究竟是什麼意思。我們緊抓著生命不放，並不因為上年紀而鬆手，這點很重要。可是，生命不只是呼吸。生命是變得比自己更大，成為自己能成為的一切。不管做什麼，不管年齡多高，不管社經地位落在哪個層級。

這本書是寫給瀕臨「老年」的人，剛收到退休人員協會寄來的第一封郵件的那些人，他們明知自己年輕而健康，十分訝異怎麼會收到那封郵件。

不過，這本書同樣是寫給那些關心父母的人，他們關心父母可能會碰到的上年紀的問題；也是寫給那些想要反思老化歷程在自己身上逐漸顯露的人。

最後，這本書是寫給不「覺得」自己老的人，不論實際年齡是多少，有一天他們呆住了，發現自己究竟沒能逃脫「老」。這些人已經老得超過了自己想像中可能會活到的年紀。如今四周的小毛頭稱他們為「資深者」、「前輩」或「上一輩」，甚至「老人」，儘管在同輩之間，他們不覺得自己跟一年前有何不同。當然，除了年紀的明顯跡象不算之外。而到頭來，後者決定了一切。

沒錯，他們老了，而且一天天變得更老。至少在日曆上看來如此。不過他們心裡明白，自己正從生命的一點走向另一點，就算緊緊抓著這一端不肯鬆手，也沒法阻擋自己滑向另一端。而他們不曉得該怎麼看這件事。這輩子所知道的一切好事、一切成就，就此告終？該向大限低頭，接受老來的疲憊困頓？或者，這不過是全新生命的起點？只是暫時迷失了目的？還是，生命的目的直到現在才浮現？不少人走下工作崗位後的歲月，並不短於堅守崗位的時光，既然如此，那麼當然該想想這些歲月裡隱含著什麼，要求些什麼，會提供什麼。然而，關鍵在於到時候我們知不知道要去找的是什麼。

這本書最大的問題搞不好是由我來寫還太年輕。畢竟，我只有七十歲。為了取信於大家，我在此申明，我要保留九十歲時的修訂權。

然而此刻我要寫的是，面對沒有未來事業藍圖的人生，是什麼感覺。

我要寫的是，這輩子一直跟我一起生活的長輩給我的觀察，他們晚年的歲月充滿生命力，儘管年齡早就超過多數人認為「有生產力」的階段。

我要寫的是，人類在最後一個成長階段如何轉型，怎麼活出生命的巔峰。

老年學家說，我們的社會有三個「老年」階段。老青年期，從六十五到七十四歲；老壯年期，七十五到八十四歲；以及老老年期，八十五歲以上。三個階段具有若干共同點，而每一階段又各有特殊議題。

高齡期跟人生初期（出生到二十一歲）不同，向來沒什麼人著墨。事實上，老年學做為一門從生物、心理和社會等層面來研究老化的科學，要到第二次世界大戰之後才展開。在那以前，任何關於年紀的研究都集中在延長青春或逆轉老化的效應。然而，老年學至今仍然缺少精神層面的體察，而老年期卻是人生中有足夠資源對生命的本質和意義予以長期評估的唯一階段。

我要寫的生命，超乎生理的層面，向心靈的成長延伸。其實，隨著生命的生理層面削弱，通常心靈層面會增進。但是，我不會寫隨年紀而出現的生理變化，儘管後者並非小事，衝擊也大。我要寫的是，應付這些挑戰的心理和精神姿態，才能真正決定我們從前一個階段成長到下一個階段會變成什麼樣的人。

我不會寫死亡本身。死亡和年紀不是同義詞。死亡能隨時降臨。年紀則需真正有福的人才能擁有。我要寫的當然還包括，怎麼樣才可以稱為自覺的、清晰的認識我們正在向大限逼近。

我要寫你，寫我，寫這段時光對我們的過往歲月與將來時光有什麼意義。未來的日子長得很。

得到歲月這份禮物的人，遠多於了解它是禮物而非負擔的人。身處晚年的人，並非人人了解或歡迎這份禮物。這本書寫的是，擁抱這段幸運辰光並克服其沉重負擔的大業。這正是晚年的心靈任務。

這段生命很特殊——可能是生命中最特殊的一段。不過，伴隨而來的是整個一輩子的恐懼和希望。想好好過這段歲月，需要抬頭挺胸、生氣勃勃的正視每一個恐懼和希望。生命不在年紀，不在我們能巴結上多少年的壽命。生命在於年紀增長，在於活出每一段人生階段所特有的價值。像佛斯特（E. M. Forster）寫的：「我們必須願意鬆手放開我們的計畫人生，才能進入正等著歡迎我們的人生。」

是時候了，我們應該放下青春永駐之夢，放下對於變老的恐懼，去發現好好的老下去所內含的美。我們應該了解生命的最後階段並不是「非生命」；而是生命的「新」階段。上了年紀的歲月，本當是很好的歲月：活動力不低，頭腦靈光，經驗豐富，充滿好奇，對社會有意義，精神上有價值。

可是，老得好這件事最重要的一環，或許在於體察到老是有目的的。不管生命狀態的優劣、社會資源的多寡，年老有它的道理在。生命的每個階段都自有用意，用意有不同而無高低。法國思想家朱貝爾（J. Joubert）說：「一個有用的生命進入黃昏期，會自備燈火。」老年照亮的，不只是我們自己（儘管這點可能十分重要），也包括周圍的人。我們的任務是實現它。其實，這個末尾階段是生命中最好、最重要的階段之一。怎麼說呢？

我們當中有誰不曾聽過這句話，且一遍又一遍的重複：「人只有一條命。」這話意謂著，生命是一條不中斷、不出錯的直線；昨日所為、今日所做，都不能重來。一輩子抱著這種想法，有致命的危險。未來被塑進水泥，成功與失敗凍成了永恆，明日有如遭到電線短路，永遠無法修復。假使每一步都決定了下一步，那麼永遠沒有新鮮事，沒有改變。有的只是生物時間——命中注定、無從掙脫、永無終結的日復一日。現在決定了未來。

但是，我的經驗並不是這樣。剛好相反，我的生命完全是一連串新的開始。

在我年過七十，我明白了自己為什麼對於「生命是昨日的延續」這個觀念，從不怎麼在意。事實上，這個想法使我非常不舒服。感覺上是大人一邊責備小孩一邊堅持自己並不是在罵人——孩子馬上覺察挨罵了，一如獵犬聞到鳥蹤。「生命是昨日的延續」的意思是，一個人不管在哪個特定情況下做了什麼選擇，結果若非從此得救，就是萬劫不復。彷彿「生命」是個不能分割的單調乏味的時間點，每一個現有的段落已經預定了未來的段落。

我現在認為，人只有一條命的說法不能成立。事情的真相是：一條命只是串起來的許多段生命，每段生命各有自己的任務、自己的風格、自己的錯誤、自己的罪過、自己的榮耀、自己那種深沉陰濕的絕望、自己的種種機遇，這一切都是為了引導我們走向同一個目的——幸福與自我完成。

生命是許多小碎片鑲嵌起來的圖案，每一片都是自足的存在，每一片都是躍向其他部分的墊腳石。

此刻，對我而言最明顯的是，不論這些單獨的生命片段是怎麼構成一個連續的整體，它們都是分離的單元。每一段都分別存在，都獨一無二，都以自己那部分組合起生命的全部。每一段都在更新我們。每一段都有目的。

最初，你掌握到「活著」的基本內容。學會走路、講話、喝東西不灑出來、不尖叫、不跺腳說「不要」——儘管你心裡想做想得要命。

然後在下一階段，你學會上學、交朋友。或者，你學到了自己不會交朋友、自己有些什麼地方是別人不喜歡的。因此，到頭來你可能進不了那個核心份子的交遊圈。好在，你利用自己內在某種不朽的實心材料，塑造了一個更穩固的自尊，下定決心不管人家怎麼說，你都是好的。你開始發現自己裡面的那個「你」。

終於，你長大了。他們宣布你是成人。而且有意思得很，你真的覺得自己成人了。

所以，你在某方面有了點能力，或許是得到哪家機構的認證，或許是生活中自學有成。你當了推銷員或經理、小飯館的大廚或皮膚科的醫師、救火員或老師、牙醫助理或焊工。你有了工作、專業、技術，能靠它立足世界的一個角落，刻下自己存在的記號。你碰上一個生活價值觀跟你相配的人，找到了能一起打拚實現生活理想的夥伴，成了家安定下來，兩人共同為將來的長遠日子打算。或者，你選擇獨身，到處移居，探訪世界，全心投入工作，或從事神職。不論你是哪一種情況，假如幸運的話，你會有個目標。

可是，這個階段學到的人生道理，往往遺落在追求目標的忙亂之中。你為了覓職，為了保住職位而奔忙。你找到工作，辭掉工作，失去工作。你為了買房子，為了拿學位，為了建立這個社會認為的一輩子的生活保障而累得半死。

直到有天出乎意料的，時間開始不留情的現身。現在離付清房屋貸款只剩幾年。現在離做好退休計畫只剩幾年。你碰上一連串的企業瘦身、公司關門，或者對某些人而言，則是越過一連串的晉升、紅利和專業成就的里程碑。

然後，跟一開始一樣簡單，一切都結束了。有了第一張年金支票，或公車老人票。有了退休——退休的解脫感，對不少人來說，很可能迅速轉變為強制的無用感。

有那麼一堵灰溜溜的高牆，叫作「晚年」。學術界人士會寫文章，探討晚年的心理狀態和生理變化。可是，我們從一個人生階段成長到另一個階段時，只知道變老就是變老。

這一切的意義是什麼？「當我們變老，我們既變得更蠢，也變得更有智慧。」法國作家拉侯希夫寇（La Rochefoucauld）說。

那到底是哪一種？這些多出來的歲月，不屬於組織，也脫離了企業機構，到底目的是什麼？是漸漸死亡嗎？難道就是在等死嗎？假使如此，那麼面對晚年，我們怎麼可能有任何喜悅、尊嚴可言？

我只能說我相信自己身邊所見的人和事。九十五歲的瑪格麗特，從前是裁縫高手，如今依舊在找事做。她說：「我還在做生意。」她一直到處找機會替朋友新買的長褲收邊，或是縫製新窗簾。她會跟身旁所有的人都說說話，有時候某些人不再上門，她會去找他們。她閱讀、聽音樂，跟老學生保持聯絡，聽雷射唱碟的錄音演講。她活著，還煥發出某種東西，能使時間變得神聖，變得有創造力，而非死水一灘。她讓我看見了我還看不到的自己生命的那個部分。她告訴我，生命不是用年齡來測量的。

生命的每個時期都有目的。生命的晚期給了我時間去同化其他時期。瑪格麗特的榜樣告訴我，這個時期的任務不光是堅忍的坐以待斃，而是在自己尚未經歷過的面向去活出人生。

＊　＊　＊

這本書探討老化過程的很多層面，老化的目的和挑戰、困難和驚喜、問題和潛力、痛苦和喜悅。這本書探討被拒絕的感受，後者來自於覺得跟其他生命失去了聯繫。書中檢視行動與存在的區別，主張兩者都是生命的重要層面，兩者在生命的質地中都不可或缺，本來都是我們對社會的貢獻，重要性不分軒輊。書中探討自外於周圍變化的孤立傾向。這本書還觀察，當原有的人際關係結束、流動、轉化、消失，或出現新人、新挑戰時，會發生什麼事情。書中談到明日的可畏，永恆的神祕。也談到怎麼面對那一切。隨著年紀而來的生命議題包羅萬象，引導我們通往生命淋漓盡致的發揮，全面的更新我們。

這本書不是讓人一口氣讀完的，甚至不用按前後順序來讀。就像老年歲月，它要人讀得慢一點，自省的讀，更認真的讀。一次讀一個題目。要反反覆覆的讀，就算不為別的好了，只為了聽聽生命的脈動，如何從前一個議題、前一個十年，走向下一個議題、下一個十年。

這個階段是集大成的巔峰歲月，重新創造生命的歲月。不過，這段歲月給我們的禮物，不僅僅是活著的一口氣，而是活得比人生任何階段都更蓬勃的生氣。

遺憾

印度修行者希瓦南達（Swami Sivananda）寫道：「不要老是想過去的錯誤或失敗，那只會使悲痛、遺憾、抑鬱填滿你的心。」

遺憾是衰老的幽靈之一，有一天它找到我們，打扮成智慧，看起來深刻而嚴肅、講理而負責。它督促我們開始回想，催迫我們質問自己曾經做過的一切事情：我應該聽母親的話……我應該留在學校繼續讀書……我應該別那麼快結婚……我應該主修別的科目……我應該換個工作……我應該給孩子、家人、家庭更多時間……我應該離開這個地方、這座城市、這種無聊或瘋狂或綁著人的生活……幽靈在低語。

這種操練十分累人，也十分危險。

它在心的邊緣啃齧，我們感覺得到伴隨而來的那股疲憊。歲月在不知不覺中溜走，如今再按照遺憾的要求去改變，已經來不及了。來不及去那趟夢中之旅，來不及換工作，來不及搬去林中小屋，來不及去大都市體驗想當然耳的更大、更亮、更好的一切。來不及從頭開始，把事情做得更好。最糟的是，遺憾要知道我所作所為的背後理由。而我說不出來。

回顧的強迫性衝動，害我們老是對自己、對別人解釋為什麼要那麼做——或者更糟，老是說明當初沒做某件事怎麼怎麼有理——是通往憂鬱症的一條大道。威爾醫生（Dr. Andrew Weil）在《老得很健康》（*Healthy Aging*）那本書裡說，思想、情緒、態度是「決定我們怎麼老的關鍵」。我們放進此時此刻的思想、情緒、態度，足以威脅這段生命時間的品質。

我們聽到心裡有個聲音：「快結束了，時間用到哪兒去了？」漸漸的，不知不覺的「過去」跟「現在」一樣，吵著要我們注意它。有時候，吵得更凶。

不過，一旦遺憾開始了，令我們失望的將不只是過去。愁思溜進了現在。眼前身邊都染上了低沉的色調。我們走路不再輕快。不論我們人在哪兒，在做什麼，原本都是可以做別的事情的——別的更令人滿意的事情、更重要的事情、更有價值的事情。

然後，想到曾經做的選擇，想到沒去做的那些事情，於是已經做的事情失去了光彩。

當初要是如何如何就好了，這種想法一直噬咬著心的正中央。它化裝成反省，一臉檢討過去的樣子。可是在內心深處，我們的感受更接近受挫，而非理解。我們的人生是怎麼過的？我們變成了什麼德性？

我們發現自己開始重新看待做過的每件事。哪天有老朋友來，我們就拿自己跟他們比。一心想的不是他們做了哪些事，而是哪些事自己沒做。

這些心理活動對我們生命的基礎施以當頭重擊。我們為何做這、不做那？為什麼沒把另一件事辦成？靈魂的明燈被捻暗了，生命罩上了以前從未有過的灰色。我們給了自己一場末日審判，又生怕自己通不過審判。

遺憾自稱有眼光。可是，為了沒發生的事而對既成事實的諸多好處視而不見，這在精神層面怎能算得上有眼光？錯了，遺憾不是有眼光。事實上，遺憾是靈魂的流沙。它不了解抵達生命的圓滿有很多途徑，互不相同，各有千秋。

遺憾的操練，一開始看似單純、無辜，然而它有一種推不動的特質。它拖著我們陷入自己的內在，又濕又重，把我們擱置在幻想的泥淖中。它用蛛網和空氣編織了一個虛假的生命，讓我們後悔既有的生命。它把時間花在不存在的事物上，忽視了本來存在的事物。

遺憾是個試探。引誘我們去希冀過去所沒有的，而吝於給變動的當前帶來新的能量。它誤用了變老的過程。老的功用之一（亦即禮物之一）是對於自己是什麼人，變得更能接受，不去悲哀自己沒成為的人。一旦我們貶低自己，就是在質問、懷疑自己的過去和現在。就是在質疑一路陪伴我們到人生終點的造物主。

不過，隨年紀而來的遺憾也可以成為恩典，可以再度聯繫上那個接引我們到當前的本然能量。遺憾有兩面：為失敗而抱憾是一回事，為生命的選擇而抱憾則是另一回事。

當我們對自己的來時路感到遺憾，就會冒著失去未來的風險。種種新的可能性都流失了。我們看不見自己正站在許多條新路前面，每一條都跟我們的來時路一樣具有生命力，一樣好，一樣充滿神性。

然而，當我們對自己本來不應該做的事情感到懊悔——傷害別人名譽、虐待自己所愛、為了升遷或得到肯定而拋棄真理、殘害自己的身體或情緒到不堪的地步——這時我們知道自己已經成長為自重的人。當我們明白過往的歲月不但培養了自己，而且成熟了自己，那一刻我們就開悟了。不論我們過去成就了什麼、是在什麼地方得到成就，現在的我們都比年輕的我們更有內涵。

事情的真相是，生命必須跨越遺憾的抽搐。遺憾邀我們重訪帶領我們來到今天的那些理想和動機。提醒我們自己曾經愛過誰、曾經是什麼力量推動自己前行、曾經許下並遵守過什麼承諾。引導我們形成今日容貌的，是過去的選擇。當初沒走上的那幾條路，或許最後也會通到此地。但也可能不會。

於是，我們看得很清楚，也更能體會自己得之於歲月的東西，而非未得到的東西；於是，我們可以了解我們怎麼變成今天的自己。

的確，我們必須回顧。的確，我們必須捫心自問，自己是怎麼來到這裡的。我們也必須問，為什麼自己沒做到所有曾經（至少有過念頭）想做的事情、應該做的事情。

那些答案，那些動機，都將告訴我們，自己究竟是什麼樣的人。當我們重新看待以往的選擇時，核心問題是，需要透過那些選擇來發展的每件事，是否都得到發展？我們所選擇的生命，是否引導我們完成了造物主要我們每個人都實現的圓滿生命？

遺憾的包袱在於，除非我們明白過去選擇的價值，否則對於那些選擇帶來的禮物，我們會視而不見。

遺憾的福賜很清楚，只要我們勇於面對遺憾，它會帶領我們以全新的方式感受這個新的生命期。它會激勵我們繼續前行，不斷變化。

意義

西塞羅（Cicero）在兩千多年前寫道：「偉大的成就靠的不是肌肉、速度、矯健的身體，而是反省、性格的力量以及判斷。後面這些特質，老年通常不但不缺，而且多得是。」

今天我們生活在一個以速度和忙碌來判斷成就的世界裡。身陷網路空間傳播的湍急漩渦，被資訊和數據、被跨國的購物熱、被簡訊給罩得喘不過氣來。時間和空間，時間和思考，如今簡直不值錢。我們一天比一天更找不出時間思考，只做不想。我們忙著製造事件，卻沒時間去思索事件的價值。

我們非常需要專注於生命的意義，而非專注於生命的速度、機制、電腦化。

然而，我們已經被化約為一堆數字。政府和企業想知道（並且永遠存檔）我們住的公寓或房子的門牌號碼，聯絡我們的電話號碼，我們的畢業年份，文憑有幾張，家裡有幾個人，我們的社會安全號碼（有一天我們可能得憑那個號碼，才能取得養老、居住、受到照顧的合法權利），還有，可能是最重要的那個數字——我們有過幾份工作。

這些數字沒有一個詢問我們對上帝的想法，或是我們對此刻國家的方向有什麼感想，或是我們目前的生命品質是否能跟過去相比、能跟理想相比、能跟該有的品質相比。他們沒問、也不想知道我們的想法。他們不在乎我們有沒有釣過魚，救過受傷的鳥，投注過心力去改進周遭人群的生命品質。他們不問我們相信什麼，何以相信；我們願意為什麼犧牲性命，何以願意；我們希望什麼，何以希望。很明顯，在這個世界裡，我們是什麼，似乎不是意義之所在。

難怪有不少人覺得自己是棋盤上的棋子，或機器裡的齒輪。這個內化了的訊息很明白，我們所做的、所擁有的，就是我們；至於我們的內在，那個真正重要的東西，全不算數！

我們當前的生命階段，備受一個問題困擾，要是我們不被這個問題打倒，就可以重獲新生——全看我們怎麼回答了。問題與答案，將主導最後這個生命階段。當我們從行動進入存在時期，必然不能只問，我是做什麼的？為了自身的幸福與心靈健康，我們還得回答這個問題：當我不等於我所曾做的，那我是什麼人？有誰真的在乎嗎？而這跟活出神性又有什麼關係？

當工作沒了，當職位消失，當角色多餘，當我不再賺錢，不再是老闆，不再是市民代表，不再是教師，甚至不再是「家中的雙親」——活著是什麼意義？在每五個員工就有兩個被迫提早停止工作的時代裡，迷失方向感成了社會流行病。

問完名字以後緊跟著問工作，是我們這個社會的常態，所以，關於工作的問題就不僅是哲學問題了。美國的平均退休年齡是六十四歲，而預期壽命則超出十五到二十年，於是問題變得非常迫切：當我的歲數已經大到不再想升級、拿一座獎牌、加薪、早上衝去辦公室貢獻時數，這時，我是什麼？當工作沒了，而我發現自己的錢只夠勉強支付房租，這時，我是什麼人？

這些是隨著退休而來的難題。這些惱人的問題，專門出現在從有頭銜變為沒頭銜的轉型期，因為現有的社會組織中，位階、職務和獲得認可就是一切。這些也是核心問題，將揭露我們的靈性深淺。

在一個總是往前衝、行動至上的社會裡，工作就是一切。就連「退休」這個字眼，都承認了就業是生命的支點與重心。

為了有錢能活命，再加上還想搶在別人前頭，我們老早就在壓抑自己的想法和信念，以至於幾乎記不得當初想的是什麼、相信的是什麼了——這還是假設自己真的有過想法和信念。為了社會和諧，我們一輩子隨俗從眾，從來沒有主動採取新的思考或生活方式。直到現在為止，最重要的始終是好好發揮效能，而非好好生活。噢，當然了，我們投票了，可是就連這件道德評量的重大行為，往往也受自身經濟福利的左右，而非出自對於精神原則或是對於眾人的承諾。

我也許一直是個有效率的人，但是不見得始終擁有精神價值。既然效率不再是我的生命驅動力了，那我是什麼呢？

如今我還有許多未來的歲月，而跟著工作走的生命外在配件全都剝除一空，我要怎麼做才能避免內在的空洞感？例如，同事間的雞尾酒會沒有了，工作單位主辦的攜眷野餐沒有了，列舉所有工作成就的年終賀信也沒有了。我現在是回歸自我的時候。如今我發現自己生命外在的披掛佩戴一件不剩。我跟自我面對面。怕就怕沒有自我。一輩子都在致力做個要人，如今除了自己什麼都成空。我不再經管任何事，頭銜不再變化，現在我只是自己。而自己是什麼？意義——我生命的訊息，我存在的本質——吊在半空，光禿禿，發著抖，所有的特權、所有的頭銜都沒了。我是自己，只是自己。

現在別人看到的我是什麼？造物主看到的我是什麼？我自己看到的我是什麼？我的時間用來做什麼？除了躺得太累，每天早上還有什麼更偉大的原因能讓我起床？

這是西方世界的老年一個真正的大問題。當我其他什麼都不是的時候，我是什麼？當所有東西：職位、權力、地位、工作、目標、角色、影響力都不存在，所有繞著它們編織、圍著它們搭建的東西都沒了，這時我還殘留了什麼？《聖經》〈詩篇〉的歌者哭道：「主啊，我從深處向你求告。」如今，我們全都是詩篇的歌者。

這樣一個大哉問，答案可不簡單。當然，在某個層面我是我經歷過的一切。可是在另一個層面，我只是現在別人眼裡看到的我；到了最後，我只是超乎自己所做的一切之外、而替自己預備下的我。那是什麼呢？

這個世界已經黑白顛倒了那麼久，幾乎再也無法相信生命的意義不在於我們做了什麼。意義在於我們是什麼——是愛護人的，是感興趣的，是誠實的，是真心的，是隨時有空的，是有靈性的，是願意涉足生命與生存之大事的——這種想法太稀罕，太少聽聞，以至於變得很艱澀。我們甚至連「意義」是什麼意思都不知道了。

可是有件事很明白：要帶給周遭世界意義，得提供數字以外的東西。我們有義務提出重要的想法，做出聖潔的反省，認真檢視所有的選擇方案，舉出使世界運轉得比現在更好的建議。我們得刺激周圍的人，使他們反思自己在做什麼——趁著他們還來得及改的時候。我們得努力去做值得做的事，努力去實踐造物主對世界的意旨。

照顧遠比我受到更多限制的鄰人，能使我的思緒伸出自我以外。擔任教師助手為本地學校盡力，能使我涉足下一代的成長。組織一個論壇，共同探討法案對於城市各階層人士的影響，能使我成為明辨善思的群眾中的一員。參加地區性藝文活動，可以維護此地的文化素質。加入監督政府的民間團體，可以把智慧帶進政治的折衝藝術。在任何一個團體裡，當我對他人的問話都超出「你從事哪一行」的範疇時，或許我的發問就會把精神意義同樣帶進他們的生命裡。

西塞羅沒說錯，老一輩有很多東西可給。可是，他們得先看重自己的能力。

年紀的包袱在於，我們或許會讓自己相信，動作不再迅速、生活不再忙碌就是生命的某種缺憾。

年紀的福賜在於，我們逐漸能夠了解，使我們對社會有價值的是所思所言的內容高下，而非速度和忙碌。

恐懼

作家麥克唐納（George MacDonald）說：「年齡不全是衰敗，而是內在新鮮生命成熟豐滿，以至於外殼萎縮破裂。」

變老，倒不是難處。怕老，才是我們心頭之疾。我們往往沒看到，活得久是進入精神開花、靈魂結果的大門，卻自囿於以動作、肢體靈便、外表光鮮、外在成就為重的文化，而認為活得久，就是進入了荒原。我們需要重新思考年紀的優勢，看到老的自由，老的璀璨。只要我們給老一個機會，年紀會向我們透露「內在的新鮮生命」。上了年紀，給我們的機會是去學習接受新的挑戰，使晚年除了成為心理的絆腳石之外，還可能是場心靈的冒險。我們當中，有的人像享受登山一般來接受挑戰；有的人呢，則寧可在原地踏步。兩者差別之大，一如生活與非生活。前者隨處見到造物者向我們點頭致意，後者則已抵達尋覓的終點。

那天，她鼓起勇氣出門，風勢凌厲，空氣凜冽。坡頂的攔水壩發出光芒，水又高又急，看上去就讓健行者很想一直步入它後方的林子裡，走得更深更遠。「今天這種天氣，你必須走得比現在更快，」在她後方步道上的男人說，「才能在這裡保持身體暖和。攔水壩上面還會更冷。」

「噢，」女人說，「我不會一直走到攔水壩上面。對我來說，太遠了一點。」她臉上帶著微笑——六、七十歲婦女最擅長的那種禮貌的微笑。

「是嗎？」男人一邊往前趕，一邊說。「好吧，我八十七歲了，每天都能爬上去，」他走過她身邊，舉起手碰了下帽子為禮，「你當然也能。」

當然，有些人在老化過程中蒙受身體的重大損失。可是，實際數字遠低於想像。根據「老化長期追蹤研究」與「全國健康訪問調查」，行動障礙者的比例持續穩定下降，而急性行動障礙的復原比例年年都在改善。在預期壽命之內，行動便利者與行動依賴者的比值，也就是健康的老年人與只是命長的人相比，前者上升之速前所未有。不說別的，老年人已經是現代人口中成長最快的部分。

二〇〇五年的統計顯示，需要個人護理協助者，七十五歲至八十四歲間僅有七％，而在八十五歲以上的人口中，也只占二十五％。

證據告訴我們，平均而言，因為衰老所出現的孱弱、行動受限，只出現在生命的最後三個月。多項研究也讓我們確知，即使是在那段期間，保持神志清明直到生命終點的人也多於神志不清的人。很明顯，生命不到最後關頭不會鬆手。

毫無疑問，我們的餘日尚多。當然，換句話說，我們還有很多責任。現在我們面對的主要問題是：要怎麼過日子？我們會當它是慢慢步向死亡的黑暗時光，生命只是列出一長串終點的清單？或者當它是一個全新的生命期，既可挑戰自我，也可發展出成熟、圓潤的人格與個性，使我們不但被周圍的人接受，而且被認為不可或缺？甚至到處追著找我們呢！

的確，我們現在正處於十字路口，一個必經的路口。在生命的這一刻，我們必須做出決定自己餘生生活品質的一些抉擇。

當我們視年紀為一個又一個的損失，便看不到收穫。那麼，侵蝕靈魂的恐懼很自然就出現了。恐懼總是在那兒，把我們罩入陰影，潛伏體內，像一口鐘在心裡滴答作響。它警告我們時辰將至，身體將不再矯健、平衡，不再是我們一向習慣的身體。

當第一個疼痛出現，當我們突然察覺膝蓋毫無警訊的變得無力，這時我們置之不理，當作一個已經忘掉了的舊傷在作怪。「踢足球的老傷」，或許是吧。也可能是植花培草的時候，「地面比我想像的要硬」。

不過，慢慢的，現實進駐了腦海：這是風濕將至的第一個跡象；關節損傷的第一道徵兆；某種悄悄的、不動聲色的身體變化的第一則確實警訊，出現在我的身上。強壯的我；從不生病、上下樓從不搭電梯的我；向來身材保持良好、運動不斷、永遠健康的我——直到這一刻之前。

於是，令我恐懼的不是疼痛，而是那個訊號，它確實而明顯——過去的那個我正在變化。不對，糾正一下：正在退化。

我發現自己在聽別人的身體檢查報告時，比以前認真多了。我拿它來對照自己的檢查報告：我的關節炎沒那麼糟，一樣糟，還是更糟。別人的身體變成我的活力指標，用來評估我內在的生命力昂揚與否。

不過，最明顯的是，我開始計算年齡。「她死的時候幾歲？」我問；「生什麼病死的？」我想知道。她比我大幾歲？

這些問題永遠問不完。我的注意力集中在以前從來不去想的方面。我今天身體覺得怎麼樣？現在，每天早上我會問自己。

可是，在所有這些的背後，是些跟身體毫無關係的問題。問題是情緒上、心理上、社會上、心靈上的。假使我的存在並非只是把這條命活到終點，再開始另一條命，那麼我究竟以為自己的存在是什麼？我做了些什麼事以至於能信心十足的走到人生此刻？現在我能做什麼，才可以終於成為自己一直想成為的那個人？而所有這些問題都出自恐懼。我還能照顧自己多久？等我不行了，誰會照顧我？還有，很重要的一個問題：我的生命是不是已經完蛋了？以前的我完全不剩了嗎？難道從現在起，生命就只是忍耐，不再是生活了？此外當然還會問，直到目前，生命有哪一個面向是我尚未好好活過的？假使我想成為自己注定應該成為的那個人，我還能做些什麼？

往往，我們沒看出這個內在恐懼其實是生命的最佳表徵。換句話說，十分反諷的，我們正活得興致勃勃。二十世紀的預期壽命幾乎是過去的兩倍。法國人稱退休後的歲月為「第三年齡」。這個年齡可長了。一九九二年，美國人口十二％超過六十五歲。人口專家說，二〇二〇年全美十八％的人將超過六十五歲。很明顯，六十五歲後的人生不是病態。我們要以全新的眼光來看這個階段的人生能夠成就什麼。

這個階段的人生，首要任務也許只是不要害怕恐懼。我身上每個變化的跡象，我所害怕失去的那些東西，都是全新開始的召喚。例如，假使我不再有長途行走的精力和能力，那麼，我一定要找到一件事可以讓我做得同樣起勁、學得同樣深入。那也許是蒐集所有我愛的管弦樂曲唱碟。也許是為了去世界另一個角落旅行而學習新的語言。也許是看窗外餵鳥器旁邊的小鳥。也許真的應該去搞清楚電腦是怎麼回事。現在可能是注意肉體之外、之上、之後的自己的時候了。

有一樣東西不該是此階段的焦點，那就是縮減；雖然，身體上的縮減鐵定是這階段很自然的一部分。焦點卻應該擺在把自身交付給一種新的成長，交付給從母親懷胎起就始終沒停過的那些變化。實情是，我們的存在遠超乎肉體，向來就不限於肉體，可是我們或許要花上一生的時間才能明白這點。我們的道德義務不該像社會可能給我們的誤導那樣，並不是在六十歲去滑雪、七十歲去慢跑、八十歲去騎單車。不對，我們的道德義務是盡可能保持健康，保持活動力，避免虐待身體，去做我們感興趣的事，帶給旁人更加豐富的生命。我們的心靈義務是好好的老去——使見到我們的人有勇氣與足夠的靈性，願意仿效我們。在生命完結前就放棄生命，不只是認輸，更是不依天理，不盡己之力與天看齊。

老得好不是指外表不變，而是指我們不光以維持身體功能來定義自己。此時可以開始思索的事情，要比讓外表保持年輕十歲的層次更高，儘管看起來年輕實在不錯。現在，我們必須開始照料那個內在的自我了。這段歲月是用來讓生命的裡層——不斷的疑問、終身的興趣——引導我們去選擇做什麼事，成為什麼人。

此時可以把泥土和種子放進花盆，著手培育植物。現在我們有時間照顧它們、替它們澆水。我們有時間去培養耐心。

此時可以跟多年沒有消息的那些家人、親戚重新建立聯繫。

此時可以擁抱整個世界，關懷非洲挨餓的人、中東不識字的人、住家附近的窮人。

不管我們做什麼，都必須用心去做。我們做這些事情時，必須知道儘管有無數的失落，也永遠會有新的收穫。

我們一定不要做的就是什麼也不做。別讓自己從內裡開始壞死。我們不能不靠著已經改變了的身體活下去，這點無法避免。可是，生命輪廓的本身，我們可以主掌。我們要對自己這個世界的輪廓負責，儘管它似乎在嚴重的自動變形。

我們何必自找麻煩？因為，周遭的未來世代仰賴我們一如我們仰賴他們。我們靠他們得到生活的外在形式，包括生活的創新、組織和產物。他們靠我們、靠上一代，來給他們一個心靈榜樣，一個如何活出生命的精神原型。

有死才有生。有昨日的灰燼，才有今日的新生。對於願意去重新創造的人而言，未來總是有無限的可能。

人生的各個階段都得解決不同的恐懼，生命才能成長。對年輕人來說，要克服的是害怕單獨過活。對中年人來說，要處理的是害怕失敗。對我們這些已經超過中年的人來說，要學習應付的是害怕衰弱。

這段歲月的包袱在於，我們可能向恐懼認輸，害怕自己無名、無用，喪失自我意識和做為人類的義務。恐懼可能會引誘我們誤信生命已經完結——而不知生命只是正在變化。恐懼的福賜是它邀請我們全面發揮自己。恐懼在靈魂的黑夜來到，告訴我們要以新鮮、刺激的方式拔高自己——為的是自己，沒錯，但也為了世界上其他的人。

年齡歧視

諷刺作家瑟伯（James Thurber）說：「我六十五歲，我猜我大概因此被歸入了老年。可是，假如一年有十五個月的話，那麼我只有四十五歲。問題就出在這兒：每件事我們都要給個數字。」

在我們這個時代，一個人只要超過六十五歲，就算心裡覺得日子過得很好，理智上卻認為不好。畢竟，現在我們已經「老」了。只不過，我們不覺得「老」。而且，我們的想法不「老」。還有，我們很努力讓自己看起來不「老」——不管看起來老指的是什麼。可是，哎，我們都被教會了要當心「老」。他們說，我們太老了，不能有工作——可是，他們老是要我們當義工。他們擔心，我們太老了，不能開車——可是，就比例而言，十八到二十五歲的人引起的車禍事故，遠高於六十五歲以上的駕駛。我們太老了，買不到健康保險——可是，我們多年來沒生過重病。

因此，我們很自然的走到了一個更大的問題前面，一個真正的問題：我們再有智慧，身體再健康，頭腦再靈敏，六十五歲以後做的事情再多，那又怎麼樣？畢竟，一旦到了退休年齡，在我們這個文化裡，所有的都一筆勾銷。我們知道自己現在「老了」。全世界的人都知道了。「老了」，就等於「沒用了」，就等於「沒人要了」，就等於「不該待在這裡了」，就等於「沒能力了」。我們的生日卡上印著：**我們是走下坡的一批人**。我們笑著看卡片，盡可能的笑出聲來，然而，要是你知道真相，笑聲的背後其實心頭刺得發痛。

我們看電視時臉上一緊。上面有我們的寫照。有誰喜歡或願意認同自己看到的那些角色？電視上的老人既不是當代的哲人、智者，也不是昔日的術士、神醫。非也，今天的老年人被刻畫為身體虛弱，腦筋糊塗，鎮日打著哆嗦，無事可做，啥也不懂，啥也不知，喃喃自語。如同愛爾蘭俗諺，「神遊太虛去了。」

我們很清楚那些節目描繪不正確，因為我們就是老人，我們才是本尊，而我們不糊塗，不打哆嗦，不喃喃自語。拜託，我們思考清晰，我們工作努力，我們很明白周遭世間發生的一切。然而，那有什麼用呢？我們這個文化從五十五歲起就遣開經驗豐富的員工，依據的只是稍加細察即潰不成形的刻板印象，然而那個刻板印象卻牢不可破。

負面的刻板印象會誇大個別存在的特質，而完全忽視正面的特質。因此，年紀較大的人被刻畫成動作緩慢，卻不提及他們的智慧和耐心。我們看到他們生病，卻沒看到他們能掌握自己的生活。我們不斷被提醒，他們會忘事，但是每個人都會忘事這點卻連個附注都沒有。

最糟的是，刻板印象使特質遭到絕對化，彷彿黑人、女性、老人——對了，還有年輕人——就完全等於這些特質。我們把人歸類，而不當成是充滿風格、充滿生命精神的個體。我們不容許任何改變的可能，因此，被刻板化了的那群人也開始認為自己就是如此。

當我們被外在世界告知自己是誰、自己該做什麼——而我們也開始信其然的時候，這是人類生命史上悲慘的一刻。於是，迫於負面的重壓，我們的外在開始萎縮，而內在則早已萎縮。步調減緩，興趣漸失，生命的能量逐日消散，乃至於完結。

可是，別被騙了。如詩人狄倫・湯瑪斯（Dylan Thomas）所說，我們向生命終點走去，大多數人都奮起「抗拒光之消逝」。

艾德八、九十歲了，每天都去俱樂部，不過，他是打完九個洞的高爾夫球之後才去。布斯七十多歲，每天下午玩牌，邊玩邊說笑話，說上一整個下午。快九十歲的凱薩琳，到處去不同的慈善團體工作，日復一日，因為大家都要她，沒她就不行。超過八十歲的提姆，是「送餐到府」（Meals on Wheels）義工中獲得最高評價的一人，他每天運送的餐點數量比任何一個年輕義工都多。年近八十的泰德，是一所大學的信託人，從前是銀行家，在金融界當經理，他替非營利單位做顧問，幫忙這些組織找到某種生存之道。這兒沒有僵化的類型。這些前輩充滿社會活力，參與公眾活動，是所屬社區不可或缺的一份子。

重點是，我們會是年輕人見到的唯一的老化典型。我們顯示的面貌，就是他們所能效法的典範。我們會為他們指路，指向充分發揮生命的康莊大道。

多年來，研究者已經知道，六十五歲以上的人只有五%住在需要特殊看護的環境裡，剩下的人裡面，八十%自行面對日常生活各方面的嚴峻考驗，毫無限制。隨著網上購物、網上銀行服務的興起，自理生活的比例也日益升高。沒錯，罹患慢性疾病的老人多於年輕人，可是，染上重大急性病症的老人卻少於年輕人。在家中受傷的老年人較少，在公路上出意外的也較少。隨著老年醫學愈來愈受到重視，這些數字也在降低。

就連肉體美的觀念，也不見得依賴肉眼所見，往往更依賴心中真正所見。例如，在日本，銀髮和皺紋被視為智慧和功績的標誌。在西方，只要能走很多路，不管哪個年紀都是生命力旺盛的象徵。其他文化呢，年齡（而非體力）能帶來社會特權。顯然，肉體的吸引力需依文化而定，並非放諸四海而皆準。年紀較大的人的身體，跟年紀較輕的人一樣有吸引力，只是不同文化對於「吸引力」的定義不一樣。

最後一點，多數老年人一生都可以維持正常的心智能力，包括短期記憶在內。他們跟年輕人一樣能學習、能記住新的事務，儘管處理訊息的方式開始改變，也許要花更多時間才能完成一項計畫。不管生日卡、漫畫或喜劇節目把年齡看得多重要，把刻板印象刻畫得多入骨，其實，年齡對於學習的影響並不重要。

這點以及其他很多科學數據，如年紀較大的就業者的可靠性和反應速度，如老年人中罕有精神疾病，如情感關係的豐富與性關係的潛力，現在學術圈早已明白多年。經過多次反覆測試，這些調查結果不但一直很穩定，而且，在深信生命至死方休的最新一代的老年人裡，此類趨勢甚至更明確。

在這些事實之上，我們可能會忘記「老得好」這個福分有與之俱來的精神意義。我們都知道：「多給誰，就向誰多取。」（譯注：《聖經》〈路加福音〉十二章四十八節。）這點，也適用於我們。年齡並不能赦免我們的責任——世界因為我們來過而變得更美好的責任。

如今，所有取笑老人的老笑話，很快都變得不好笑了。年齡歧視是個錯誤。然而，唯一能與之抗衡的是，拒絕讓它的顏色暈染我們的生命。年齡這東西，並不需要可憐、道歉、恐懼、抗拒，也不需要當成末日的象徵。只有老人本身能使年齡變為光明、熱鬧的所在。我們就得這麼做。否則，我們很可能會糟蹋了生命中整整二十五至三十%的光陰。糟蹋東西豈不可惜。

這段歲月的包袱在於，我們或許會內化老化的負面刻板印象，拋棄了生命的新召喚，而成為自己害怕變成的人。

這段歲月的福賜在於，我們有責任去證明刻板印象錯了，好讓年紀活出自有的全副生命。

喜悅

哲學家塞內加（Seneca）說：「至於老年，擁抱它，愛它。如果你知道怎麼利用老年，它會充滿樂趣。逐漸衰頹的歲月是生命最甜美的歲月之一……即使已經接近最後的界限，仍然有其樂趣。」

不再有期許、截止日期，不再有壓力、責任，不再有日程表、公眾活動，這些中年的負擔都消失了，這時，我們看待往後的生命，眼光完全不同。現在有空閒了，也有時間。現在有可能性了，也有很久以來沒有的那種對人的看重，而非一味強調事情。如今這些歲月有種新鮮感，彷彿操著一種外語跟自己的心對話。

不過，塞內加強調「如果你知道怎麼利用老年」，那才是重點。知道怎麼運用這種新的時空感，可以決定這些歲月到頭來會有多快樂、多滿足。然而我們是驅力強烈、工作至上的社會產物，真正知道怎麼利用老年的人太少了。

「有沒有人告訴你，我們兩個下個月都要退休了？」她說。聲音有點緊；一個字一個字像繃在弦上。她緊張不安，卻不好意思承認。「我不知道兩人整天在一起的時候，我要幹嘛，」她說，在長而緊張的沉默後憋出一聲輕笑。「現在我們要做什麼呢？坐在那兒大眼瞪小眼？」

這種憂慮很常見。在以生產為中心的社會裡，一旦日常定規的作息終止，生命怎麼辦？我們這些人怎麼辦？我們已經多少年來沒有這樣天天在家一整天了。光是想到這點，就使退休前的幾個月變成無聲的焦慮期。我們盡量擺出勇敢的外表，可是不安正在內裡造反。現在早上起床後要做什麼？假如這就是退休，誰會要它？既然再也沒有任何東西可為之而活，何必繼續活著？

一旦退休後的那趟旅行結束回到家——接下來要做什麼呢？

突然之間，我們發現自己面對著本以為是生命的巔峰、人生的最高點。可是，現在當我們從高處往下眺望，竟然什麼都看不見。

我們忽然領悟，自己竟然過了那麼多個只懂得去上班的年頭，一聲霹靂擊向內心。內心空空如也。

我們發現自己處於前所未有的重大抉擇時刻，至少是自從離開父母獨立以來、自從決定自己的人生要做什麼以來、自從第一個事業選擇以來、自從決定成家以來的一個重大時刻。現在，我們必須決定怎麼生活，而沒有人告訴我們如何著手。

全新的開始。日子全是我們的。現在的任務是再度學習怎麼生活。

我們可以選擇喜悅的生活。我們也可以讓自己心懷不滿的回顧過去：我們可以對所有想做而覺得受到太多限制無法冒險去做的事心懷不滿；我們可以對自己投入公司的所有那些時光心懷不滿，因為公司竟然在揮別我們之後連一張聖誕卡都不寄來；我們可以心懷不滿，因為自己放棄了深度與伴侶關係而選擇了獨立與安全感。我們可以選擇心懷不滿，因為到頭來，除了終點外什麼都沒有。可是，不論我們怎麼決定——選不滿或喜悅——我們不能不做個決定。我們剩下的生命要依此而定。

我們有可能要過好一陣子才開始明白，退休其實把我們丟進了喜悅。可是，一旦我們決定要喜悅的去過這些沒有藍圖的全新日子，生命就立即湧入我們的內在，洶湧之勢有時幾乎超過我們所能承受。

《聖經》〈詩篇〉作者的祈禱：「你們要嘗嘗主恩的滋味，便知道它是美善……」說的就是這個階段的生命。

這些年來我們所做的一切，都是造物者對生命旨意的一部分。一切都有其意義。一切都是當時所需，以使我們成為完整的人。如今我們明白，一切的確都十分、十分美善。而現在這個階段也一樣——原因並無不同。長壽，是造物者旨意的一部分，是祂對我們的安排。

現在這個階段可以讓我們為自己的過去感到歡喜（是過去帶著我們來到了此刻），並且可以讓我們為當前的種種可能感到鼓舞。

在這個階段以前的生命教給我們的教訓，仍然會發揮作用——只要我們肯留心。我們擁有一切權利去感激至今以前的生命階段，去感激令人無比喜悅的回憶，去感激協助我們來到今日的人，去感激一路走來刻骨銘心的成就。這些經歷大聲疾呼，要求慶祝。這些經歷跟我們一樣，並不屬於過去，永遠活在我們身上。

這些經歷值得一朵愛的微笑，值得一聲快樂的大笑，也值得悲喜交雜的一顆淚珠。為了自己曾經到過的地方、自己成長路上曾經有的征服，以及自己因此所變成的模樣，我們可以感到自豪。

我們需要讓這些經歷再度沖刷浸潤自己，這一回，並非為了所記得的情景，而是為了那些情景所帶給我們的見識，以及它們至今仍然發散的熱力。這些經歷不止當時有意義，現在對我們仍有可以吸取，可以細細品味的意義——沒錯，理解是不同了，然而意義仍在。

喜悅也可以充滿我們，因為我們來到了擁有新的自由的一刻。現在我們精神抖擻、感受敏銳，將檢視所有的可能而據以決定（也許是有生以來的第一次）自己這輩子真正想做的，而非必須做、應該做、不得不做的事情。現在，我們擁有無須顧及觀瞻的喜悅了。我們像沙灘上的兒童，可以選擇從此一輩子都穿涼鞋或打赤腳。

最緊要的是，我們可以選擇輕柔的走過人生的最後重要階段，所有的事情都開始為我們而凝聚、而明朗、而出現新的意義。

我們可以就坐在那兒看落日，因為我們不需要在太陽西下的交通尖峰時段趕著回家。我們可以在清晨露水中走過草坪，呼吸青草的味道，摘一朵蒲公英，因為，跟耀眼的玫瑰一樣，蒲公英有自己的美，所有的事物都有，只要我們願意學著尋找。

我們可以因為自己七十歲而快樂，為自己到過的地方而快樂，為自己知道的事情而快樂，為自己今日可做更多的事而快樂。我們可以開始把創造當作自己的核心精神，這一回，我們要慢慢吸入它，讓它擴散瀰漫內心，使我們能看到在生命此刻以前遭到自己忽視的一切創造。

我們可以選擇跟我們遇到的所有人微笑，跟孩子玩樂，跟老人說話，問年輕人問題——這回我們認真傾聽回答。

我們可以下決心今天就去追求新知，重新成為學習者，並且感受到一這麼做就在身上升起的那種興奮。

我們可以選擇把自己貢獻給那些沒有了我們，其生命就無所仰賴的人。現在我們什麼都有：有機會，有自由，也了解這兩樣東西對我們的期待。我們有機會成為這一生最好的自己。我們也有機會幫助別人這麼做。

這些歲月的包袱在於，我們無法走出對於失去舞台的不滿，卻沒看到一旦自己悄然遭人從一個個的檯面角色移除，正可脫離種種裝作弄致而得到自由。

這些歲月的福賜在於，一天早上醒來，赫然領悟到自己正在活著，我們沉浸其中而酩酊欲醉。然後不論走到哪裡，我們都會散播好不容易才找到的這種發之於內的喜悅。

權威

西塞羅說：「老年，尤其是得到推崇的老年，擁有的權威之高，比青年的所有快樂都要有價值。」

這個想法跟當今流行的價值觀大相逕庭，如今任何老東西，只要不新了，不是剛剛從葡萄藤摘下的，都一文不值。「新」的概念今天已經深入人心，以至於我們稱為「老」的，年紀要比以前輕，而「過時」的東西愈來愈新。

刻意過期，其實已有幾十年的歷史。一九七〇年代，未來學家托弗勒（Alvin Toffler）《未來的震盪》（*Future Shock*）一書中，首度引介了「計畫性的過期」這個觀念。接著，大眾發現汽車輪胎只能跑若干英里不變質，製造商竟然可以預告冰箱馬達的年限、電燈泡的發光時數，準確度驚人。商譽不再繫於產品能用多久。非也，製造東西，為的是要扔掉它。多數東西都有使用期限。再也沒有什麼產品是以歷久彌新為製造的目標。汰舊「升級」是今天的寵兒。使世界運轉的是新，而不是長壽，也不是品質。經濟靠的是新。

問題在於，同樣的觀念也用到了人的身上。在這樣的文化裡，我們都有迅速過期的危險。在這樣的科技社會中，年紀愈大愈遭到邊緣化，十分明顯。

在多數社會中，老人一直是受尊重的。很多文化裡，只有老人被認為適合統治國家。社群中負責引導大家走向未來的是老人，因為他們知道的生命、歷史、群體記憶，比其他人都多。不僅如此，老人還因為有歲月的優勢，可以讓社群中較年輕的成員看到怎樣跟著自己的腳步去好好的活。

而現代社會卻經常透過任期限制的旋轉門，把領導人一個個吐出門外，不斷的從頭來過。這種文化容不下老年。成熟的經驗早就不是我們追求的目標了。我們當中要是有任何一人跟科技或科學領域的最新發現隔得愈遠，大家就假定這傢伙愈沒有資格去領導人們。我們要的再也不是經過長年培育成材所得到的智慧，新資訊才是王牌。誰知一轉眼，我們便發現別人已經抓著那些數據跑過我們，然後又迅速拋開舊數據——也拋下了我們。

那的確是在這個社會裡變老的主要問題之一。我們現在有什麼用處？除了坐在陽台上，或是沿著馬路散步，或是單獨縮在高樓裡等待一切終了之外，還能做什麼呢？西塞羅說的「比青年的所有快樂」都要更高的老年權威到哪兒去了？的確，今天這樣的社會裡，很難再看到經驗的價值受到推崇、維護、追求和尊敬。

可是，老年並非一無價值，否則老年不會存在。很顯然，老年對於我們周遭世界的發展，擁有一席之地。我們這麼些年難道只是為了不死而活？我們活著是為了使生命更好——包括自己和他人的生命。可是，要怎麼做？

從眾人間的一顆螺絲釘變為公眾人物，從單位裡的馬前卒變為獨立的泛哲學家，這種轉變很重要，但是不容易。問題之一在於，跟其他那麼多的文化都不一樣，這個智者的角色在我們的社會裡沒有名字。

不少原住民族的文化中，這個角色叫巫者——溝通可見世界與靈界的一個蒼老的靈媒。巫者知道所屬文化裡所有的傳說故事，而且，在信奉巫者的文化中，這些人受過長期訓練。他們了解自己居住的這個世界，也深探過這個世界。

在猶太教裡這個人叫 tzaddik，意思是「義人」，他經過歲月的洗禮而成就了出類拔萃的虔敬，足供其他猶太人在生活上效法，是「一個世代的領導者」。

在印度教裡，退休後走上精神探索之途的人叫 sanyasi，他在離世前從事的偉大探索成為榜樣，如同社會佳話。

在佛教裡，為了幫助眾生覺醒而將個人涅槃延後的人叫菩薩。他是那個文化最上乘價值的化身。我們年老時想成為的好人，菩薩即是其象徵。

這些文化都有一個共同的見解，那就是：老一輩的人擁有年輕一輩所缺少的洞見。可是，這個洞見是什麼？來自哪裡？還有最重要的，我們拿它來做什麼？

每個世代都有積累的經驗，能闡釋生命的某些內容，既獨特，也具有普遍價值；這些闡釋來自於活出了集體的、反省的生命，來自於運用了生命的每一個面向為下一生準備，來自於活出了蘇格拉底「未經檢視的生命不值得活」的想法。智者、巫者、tzaddik、sanyasi、菩薩、長老，就是生活了一輩子後，檢視生命意義的那些人。不僅如此，他們還將其傳給後起的生命。

他們有這麼做的權利。他們擁有來自經驗的權威，來自生存的權威，來自堅持的權威；最終，還有義務樹立一個榜樣的權威。

前南非總統曼德拉在八十九歲的生日慶祝上宣布，他將成立由一群「有智慧的男女」組成的「The Elders」。這個論壇的成員是卸任總統、元老政治家、諾貝爾獎得主及國際領袖。羅賓遜（Mary Robinson）、安南（Kofi Annan）、卡特（Jimmy Carter）、圖圖大主教（Desmond Tutu）均名列其中，他們每年集會兩次，考慮全球性議題，以自身專長提供當前領袖與政治人物一些指引。他們不再受過去的日常工作羈絆，超脫了政治野心或是當前處境下的國家壓力，帶進了中立、智慧以及個人歷史的長期眼光。曼德拉這麼解釋他成立這個論壇的決心：「我退休了，我是在玩真的了。」這樣一個模式大可擴展到政治領域之外。

是經驗給了歲數較大的人這個權利，把歷史（而非履歷）帶進眼前的情況。集體的歷史記憶說，不對，二次大戰跟入侵越南並非一回事。這兩個戰爭你可以都支持，可是別以為它們是相等的。

是生存給了歲數較大的人這個權利，去鼓勵年紀較輕的一代把握希望的權利，讓他們知道此刻發生的事情不是世界末日，也不是個人末日。每個人的生命中一定都有重生，只要我們相信它存在，為它付出自己。

是過去的堅持，再困難也不放棄的堅持，讓歲數較大的人（他們似乎遠離當前的情況）認定：放棄解決不了任何事。堅持也許不能解決所有的事——至少我們這生不能——但是對我們而言，繼續等待下一次耕耘、下一次播種、下一次收穫，將更接近生命的真義。

當年輕人放眼生命中的星辰，決定此生航向時，假使眼中看的不是我們這輩人之中的智者，我們就失去了最寶貴的一刻。如果我們不能成為這個時代的「元老」，那麼之前的歲月又有什麼精神意義？世界會記得我們賺的錢、存的錢、花的錢嗎？世界會供奉我們的獎牌、獎狀嗎？還有，新的一代會記得我們的生命在經驗、生存、堅持上，在使有限生命發揮無限價值上，對他們具有的意義嗎？

這段歲月的包袱在於，我們可能自認過時，將這段寶貴的時間完全浪費在自己身上。這是自憐自愛的終極試探。

這段歲月的福賜在於，我們可以投身當前的重要議題，而使未來時代得到的福賜多於自己的時代——靠的就是我們保存下來並在離世前傳交出去的洞見。

質變

美國作家樂舒兒（Meridel Le Sueur）寫道：「我煥發歲月的丰采。」她這句話讓我們頓了一下，引領我們思考，叫喚我們去擔任裁判。

真相是，老人有兩類——酸苦的和寧靜的。酸苦的人很氣這個世界，因為自己不再是世界的運轉者、控制者、擁有者、年輕者。他們要世上所有人去懇求他們、憐憫他們、聽命於他們、追著他們的一顰一笑不放。

寧靜的人則終日在經緯縱橫的臉龐上掛著柔和的微笑——一個受到全世界歡迎的符號——代表了風度翩翩進入晚年的真義。他們要求我們不斷成長，隨著年華老去而更加活出自我。當活到九十六歲的樂舒兒寫出「我煥發歲月的丰采」，所寫的就是這種人。丰采。不是油彩。不是面具。丰采！這些男女的眼界更寬，聽別人說話更有經驗，自己說起話來腦筋更明白。他們是擁有心靈的人。

時尚雜誌、瘦身雜誌對於當今七十歲的人該是什麼樣子，有明確的看法。「七十歲」意味著運動器械和國際標準舞課程。今天七十歲的人會散步、打保齡球、游泳、騎車。他們釣魚、打高爾夫、參加合唱團、玩牌。他們瘦削，充滿生命力，頭腦清楚，身體健康。他們散發活力和熱情。他們去大家都想去的地方，見大家都想見的人，做大家都想做的事，事事幹得有勁，格調又高。他們抗拒已經累積的歲數，一路高唱凱歌進入燦爛的黃昏。

沒錯，是有許多人至少在某個程度上做到了這樣。在我們之前，從來沒有任何一代人像富裕的西方人一樣活得這麼久或這麼好。生命從來不曾像現在這般一副永遠不會結束的勢頭。

同時，另有一個身體的現實正在演變。要是不戴眼鏡看電話簿，我們得瞇起眼睛，所以我們在藥局買老花眼鏡。我們把電視的旋鈕轉得比向來的音量都大聲。我們發現自己開始注意染髮的廣告。還有，雖然每天都會走一點路，但是跟幾年前相比，我們不再走得那麼遠——而且走得絕對沒那麼快。

生命中已經出現了不招即來的決定性變化。現在回不了頭了——而我們很明白。當然，我們默不吭聲，緊緊的把它揣在懷裡，好像抱著一個灰暗的大祕密。可是，我們確實心知肚明。在內裡深處，我們很清楚現在有個什麼不一樣的事情正在發生。我們已經遭到質變。

不過，隨年齡而至的最根本的質變，遠遠超過身體上的安適，超出能否照常打十八洞高爾夫，它是生命的全盤改觀，跟星期三的橋牌或每個禮拜輪流造訪自己所屬的俱樂部無關。

老化的歷程有個重要部分就是：習慣自己的年老。要成為有活力的老人，部分在於自己首先要學會接受老就是老，是個嶄新而奇妙的人生階段（儘管是個不同的階段）。我們也得承認，在這個以年輕為核心價值的時代中成為老人，即使在我們自己心目中，年紀也是一件需要隱藏而非公開慶祝的事。

「我嗎？」我們說，「七十歲了？不可能。」話中夾帶的羞慚呼之欲出。這句話鑽進我們的內在，警鐘在心中敲響。我們開始憂慮，自己的生命怎麼幾乎到了盡頭，而我們此刻才剛開始了解生命、享受生命、愛上生命。我們滿懷對年紀的懼意，而要是我們信服了老年是人生的某種障礙，那就會錯失生命中一個意義深邃的階段。

問題是，我們這個現代世界替衰老這件事所做的準備，似乎完全集中在選購防皺紋面霜、加入健身俱樂部上面——而實情是，如今必須質變的不是別人怎麼看我們，而是我們怎麼看生命。老年是我們跟自己和解的時刻。我們開始觀看自己的內心，開始在心靈中、而非肉體上找到力量。

如何看待自我，會隨著生命的不同階段而改變。這不是從頭到尾一條直線的經驗，衝擊最大的自我定義出現在中年。那個時候我們都得到或大或小的某種權力，即使沒啥本事，光靠年資也夠格掌權了。我們發現自己成為某個部分群體的負責人：也許要管教子女，也許工作上負有管理職責，也許家庭地位提高，也許在團體中的位階上升。我們的時代來臨了。

可是，似乎突然間，就跟我在不知不覺中抵達人生高峰一般，如今我同樣在不知不覺中被解除了職務。權責和管控，不再能當成自我的定義。我必須在自身找出可在周遭世界中替自己定位的任何東西。我使別人喜歡跟我在一起；我關心他人；我已經開始為更深遠、更豐厚、更重要的事情而活，程度勝於以往任何時刻。現在的我是安全警衛，是公眾利益的看守者，是社會正義的發聲者，是伴侶。我眼中的自己開始不同了。我這時才發現，在很多方面，我比以前所有的生命時刻都重要得多。

我看到的世界也開始不同了。世界是寶貴的，值得探索的，讓人享受的。夕陽沙灘上的一晚，足抵我曾參加的所有雞尾酒會的總和。

其他人在我眼中，也開始不同了。他們的質變跟我不相上下。我不再視他們為一個個角色。他們現在是人了，是個體——不是問題，不是「關係」，不是估算我自身價值的量尺。而我的價值完全繫於自身，繫於我跟別人在一起的時候是怎樣的人。

我也發現，我生活中不能打折扣的要求，數目開始急遽下降。現在我對於上帝的本質是什麼，不再那麼教條。對於一件事是否涉及嚴重的天譴，也不像以往那麼確定。最重要的是，我很樂於將決定權交給上帝，祂的本質現在似乎慈悲得多——而我本身也比較慈悲了。

終於，我現在看生命，也開始有新的眼光。以前，我認為生命就像一場爭奪金錢、地位和物質的大賽。現在，我認為生命本身就有價值。我開始了解，它跟擁有多少無關——而跟夠不夠有關。我開始明白，生命的悲劇是，有太多人有的太少，以致他們連維生的需要都無法滿足。我開始了解，這裡出了問題。我自己的生命裡，得到的幫助多得超過需要。而其他那些人呢？我對他們現在有什麼責任呢？

這一刻才是最終的完全質變。我已經成就了圓滿的自我——不過在此之前，不能不先放下自我的外在裝飾，譬如頭銜、特權、符號，譬如種種大於自己的象徵——其實它們也都小於自己。

這段歲月的包袱在於，我有可能被失去的一切所掩埋，而察覺不出我所得到的一切。

這段歲月的福賜在於，自我終於質變，終於成為我這一生不斷想活出的自我——在不喜衰老的這個世界裡，它是一方寧靜的綠洲，是生命的真正高峰。

新

詩人勃朗寧（Robert Browning）寫道：「伴我一起老去！最好的日子還在前面呢，生命的創造緣起，為的正是最後那段時光。」

正當我們展開明知是人生必經的最後一個重要階段時，不意卻踏入一個新的世界——這想法讓人暈頭轉向。我們原本以為，如今剩下的唯一發現只是何時萬事將休、何時末日來臨。還有，末日是怎麼個來法。

不過，那頂多是對生命的一個狹隘看法，完全罔顧生命的本質。真相是：儘管我們試圖逃避，生命仍持續發生。

我們以為自己永遠離不開熟悉的住家——接著屋頂漏了，或者地下室淹水，或者只因為我們再也爬不上又高又長的階梯。因此，我們搬到了一個新的地方，一個沒有往事會拖住我們腳跟的地方。

我們以為自己已經「退休」了——接著沒多久，鎮上所有需要幫助的人、需要諮詢的人、需要陪伴的人、需要成員的委員會、需要新鮮活力的機構，都開始發現我們現在有空、有時間，於是，我們發現自己從來沒有像現在這麼忙過。

我們以為自己將孤單度過餘生——接著我們首度結識某個人，還有了交談，之後一星期吃了四次飯。生命再次開始在我們內裡開懷大笑。我們有個人可以說話，再次有機會訴說自己的故事，有新的欲望去傾聽，有讓人聽到我說話的興奮冒險。現在我的話是真的被人聽見了。

生命會變。變是生命的本質。生命的精神特質是：提出要求，帶來新的挑戰，挑逗我們活出生命。

不過，重點並非生命會變。變是很明顯的。不管我們喜不喜歡，不管我們承不承認，不管我們想不想，都會變，而且還很明顯。真正的重點要微妙得多。

毀滅我們的，不會是變。起關鍵作用的，會是我們對待變的態度。當然，我們所持的思考方式會對一個生命階段的結束產生意義。但不僅如此，思考方式也會決定我們以什麼樣的心靈深度展開這個新階段。

決定性的因素在於，我們是否認為自己現在的存在除了對自己有意義之外，也對他人有意義，還是認為，現在只不過像在已來的人生終點以及必來的身體終點之間，強加的一個休止符。

實情是，生命的這個新階段，是以其他成長階段都做不到的方式解脫了我們。如今，所有掙扎都已結束。我們再也不必證明自己，再也不必為如何利用時間而徵求同意，再也不必工作、生產、養家或超越別人。現在我們唯一被要求的是，讓自我綻放。如同秋天的花朵，顏色豐富，色調濃郁，在風中挺立，我們的生命不只有新顏色，還帶有內在深度，正是一個快速變動的世界極度需要的。

假使我們認為，中年的外顯積累（包括事業、頭銜、子女、社會階梯的攀爬）一旦結束，人生也告結束，再也沒有其他事值得做，我們是誰的問題已經提前蓋棺論定，那麼，生命當然也不能不結束。我們這是在自我了結。

可是，如果我們現在能鼓起勇氣重新出發，去視穿自己的其餘部分，那麼眼前就是一個全新的局面。過去這些年的責任和生產活動使我們藏起來不讓別人看見——往往也不讓自己看見——的那些部分，現在，我們可以拿出來試試了。

真正的關鍵在於嘗試的意願和熱忱。

老年的成長必須要有五歲孩子的好奇、十來歲少年的信心。只要我們想做，沒有什麼事情是做不到的。我們可以學習另一種語言；可以從城市的一頭走到另一頭；可以在住家附近的街上向鄰居自我介紹，主動表示每個星期可以烤個蛋糕給他們——只要他們喜歡的話。

要不然，我們也可以提供駕駛服務，替那些白天工作了一天，晚上還要接送子女去練習樂隊、籃球、體操或看牙醫的父母分勞。

我們可以組織每月讀書會，輪流在每家討論讀書心得，會後吃自助式餐點——這樣每個會員都有朋友相伴。

我們可以帶隊遊覽，可以成為本地歷史的愛好者，可以在社區每開一個成年教育課程時都去上課。

換句話說，現在我們可以成為任何我們想成為的人，省卻外表文飾，省卻繁文縟節，省卻裝腔作勢。我們可以重新創造自己，這樣才能在一個新的世界裡發揮不一樣的創造力，不再被以往生命的條條框框拘束。

要是我們不想太投入任何一件事呢？那麼，我們當然也可以純粹享福。悠閒並沒有任何錯誤，只要生活有所追求，沉浸在豐富多采之中即可。好音樂，好書，好好散個步，好好聊個天，都行。同時，我們必須自問，如今內在有什麼東西使我們想抽離自己直到最近還在過的那種生活？研究者告訴我們，退休年齡愈輕的人，退休轉型愈困難，心中的沮喪愈多，生活愈沒有意思。對抗失去活力的唯一藥方就是去生活。現在最需要的是去做些事情，而這些事情自有其蘊含的價值。

現在只有一件事不可或缺：我們必須選擇開展新的生活，當然跟過去有聯繫，可是過去不再束縛我們。我們必須認為自己在這個新生活中所做的是好的。我們必須感到自己所做的能給予生命。我們必須成為這個世界的禮物，不管以什麼方式、為了什麼人或什麼原因。

「新」對誰會是詛咒而非福賜？應該是那些懷著氣餒、枯乾、憤怒、受傷、受辱、抗拒的心態進入這個生命階段的人。他們陰鬱或洩氣的坐著，自己不肯重新振作，也不去替生命中的其他人打氣。他們不為世界帶來任何喜悅，因為心中沒有喜悅可給。他們成為一肚子氣的老頭、一肚子抱怨的老太婆——不是因為老年就是如此，而是因為他們自己選擇不去做本該成為的人。他們選擇去做低於造物者在這個階段給他們的安排，什麼安排呢？就是另一種充分的生命，另一種有用的人生。

年老不會改變我們——我們只會變本加厲。我們是有可能在年紀大的時候，不再留意分寸，彷彿現在我們有權不再表現自己最好的一面。我們是有可能會暴露自己粗糲的一面，而不去好好打磨細緻。

可是，生而為人，我們要在離世時盡可能成為更好的人。老年不是停止成長的時期，而是以新的方式成長的時刻。這是我們開始弄清楚自己至今一切成長的意義何在的階段。這是熟成的季節，我們內裡的一切都注定要實現最甜、最富饒、最獨特的自我。

在這個季節裡，我們該靠著椅背，自問生命中那些大大小小的時刻，究竟在宇宙的架構中具有什麼地位。我們的生命有沒有連貫性？有沒有道理？有沒有核心、目標、方向、精神認同？如果答案為正（也可能為負），我們此刻必須賦予全副心神於生命的最後盤點，那麼這個結論到底是什麼？經過了這一生的時間、這一生的所作所為，我們是什麼人？

這個「新」，很嚇人。我們對自己——真正的自己——現在幾乎是一無所知。我們花了那麼多年在做人家預期我們該做的事情，或者剛好相反，拒絕去符合人家的預期，以致不管對我們自己還是對周遭其他人，要發現這個自我都同樣像個謎團。

現在，我們必須自問，究竟有沒有告訴過任何人自己真正的想法？究竟有沒有做過自己真正想做的事？而那又對我們造成什麼影響——有什麼好的影響？壞的影響？最重要的是，對於此時此地，那又意謂著什麼？

我們必須願意把握「老」所包含的「新」，才可能使老年發揮應有的力量，使老年的歲月成為激發能量的時期。這不是沒有目標的時期，不是一味自憐自愛的時期。在生命的此刻，我們終於可以把至今學到的一切都運用出來。

我們走到這個階段，為的並不只是自己。

這個時期是精神成長的新時期，其意義並不只在自我成長。要不然，怎麼解釋我們帶進這個時期的所有經驗、所有洞見？為了我們自己，為了整個人類社群，它必然有些什麼意義。不可能什麼都不為，什麼都沒有。

這段歲月的包袱在於一種無從脫逃的感受，覺得不管時間還剩多少，此刻已是終局。於是，餘生的沉重壓得我們喘不過氣來。

這段歲月的福賜在於，只要願意，我們能夠把這段時間變得閃亮，彷彿流星一道，劃過人類的天空。

成就

作家斯威夫特（Jonathan Swift）說：「如何度過一生，從來沒有人能熟知一切，以至於不曾從年紀跟經驗中得到新的訊息。」

我們跟世界其他國家的主要差別在哪裡？當然，這個問題可以從多方面回答，可是，有一個指標，或許比政治或經濟的標準指數更能說明社會間的差異，那就是人口的年齡層。美國目前的人口中間年齡是三十六歲。世界上許多其他國家是二十五歲，甚至更年輕。

換句話說，美國人正在變老。

可是不只是正在變老，我們也正在蓬勃發展。到了二〇三〇年，小於十七歲的人數，將是有史以來首次幾乎等於六十五歲以上的人數。兒童現在平安度過嬰兒期，而成人可以活到很高齡。在一九〇〇年，四十％的人口不到十七歲，而超過六十五歲的只占四％。如今不同了，美國也不同了。今天人口中超過十％的人——相當於三千三百萬美國人——年齡大於六十五歲。等到二〇三〇年，這個數字預期將上升為兩倍以上，達到將近七千萬人。

這點自然在多方面都很重要。它可以解釋醫院、老年住宅區、混合年齡層社區的未來需求，可以預告即將占全國二十五％選舉人口的這個世代所具備的政治力量，並且會影響企業決定未來多年將製造什麼產品，滿足多大比例的社會需求。我們已經可以見到電視廣告上的更替，二十五年前以體育用品為重，現在則是健康食品。如今他們甚至開始在為葬禮策畫打廣告，「減輕兒女負擔」——隨著我們老去，絕大多數的子女甚至很可能不再住在父母附近。

「縮減」不再是老化的主要特徵。恰好相反，老年人如今的多方面成長，直到不久前都還沒有人認為可能出現在四十歲以上的人身上。

老年不再是需要照顧看護的同義詞。祖母不再跟家人住在一起，她更可能單獨居住，有自己的房子，到八十多歲還在開車，而且在附近的圖書館當義工。

「縮減」不是我們的現況——年歲不減，人數也不減。

我們吃得更好，行動不便的機率降低，擁有聽力、視力的輔助器材，長期參與社會所有層面的活動。我們不但是現代社會所見的最健康的老年人，同時是活動力最強的老年人。而且，這種趨勢不僅僅是出現在工業發達國家。隨著各地的生活品質不斷提高，各地老化人口的生活品質也在提高。

然而，長壽不是年紀上多種根本變化的唯一指標。我們現在知道，大腦也會持續新的成長——而過去卻以為，隨著年華逝去，人腦將無可挽回的益發退化。大腦不但繼續製造新的細胞，還發展出新的思考方式。

科學家已經發現，年齡較大的人雖然神經系統的運算速度不如年齡較輕的人，可是思考能力卻跟年輕人一樣好，即使方式有所不同——年長者思維更深入、反省更多、哲學感知更敏銳。年長者跟青年人的思考歷程之差異，就好比邏輯家偏於析理，而電腦遊戲偏於速度。年輕人快速大量的製造點子，可是那些主意往往缺乏形貌。年長者尋思所依的數據或許跟年輕人一模一樣，不過他們傾向於化約數據為概念，而非加以操縱揉塑。

這些發現可能會使年輕世代感到困惑——他們向來所學都是對自身的衰老心生恐懼；可是這些發現給了他們一種新的責任，甚至一種新的方式去對待世界、看待老人。現在沒有藉口遁世了。只要我們還有一口氣在，就有責任去共同塑造這個世界，目標是造福人類。

老年不等於搭上免費便車，朝「無責任」前進。現在我們必須坐上世間智者的位置，比較、評估、勸誘，並且傳遞經驗，如同先於我們的每一代長老。

現在，我們也有責任去輔導後於我們的世代，告訴他們建設社會基礎所需的平等、尊重、多元等價值和理想。此外，我們還有一項心靈義務，必須視生命為一種道德力量，而非僅是個人的追求。

我們有必要在靈魂的最深處領悟到，上了年紀並不是疾病，而是感受如何生活的新經驗，如何將善意、能量、感激以及平靜創造的每一滴汁液都擠出。

對於成就缺少自我期許，其包袱在於會使自己陷入凝格的動畫，會使老化只剩下退化。真相是，變老就是變老（譯注：原文aging，也是釀酒時放陳的過程），不多也不少。變老只是使我們愈放愈圓熟。

對於成就立下自我期許，其福賜在於當我們不斷將大量的技術、經驗、眼光貢獻給當前需要的人類時，自然會變得更有智慧，心靈更堅強，而自身也成為對社會更大的福賜。

可能性

詩人狄金生（Emily Dickinson）寫道：「我們並不是年年變老，而是每天變新。」（譯注：old既是老也是舊，語義雙關，也可理解為「我們並不是年年變舊，而是每天變新」。）

為什麼？因為生命每天都重新開始——而我們必須配得上它。除非我們自行提早結束生命這個行當，除非我們拒絕每天活得興致盎然，不然，我們也會每天更新。

「我從來沒想過自己會活到這個年紀，」那位婦人說。「你不覺得太美妙了嗎？」她腦筋快，精神好。她的髖骨磨損造成的最近一次意外，看來一點也沒有減損她的興致。她女兒帶來輔助步行器，以備萬一，可是她揮手說不用，自己走進門，穿過房間。她年近九十。臉上的微笑彷彿六十五歲，答話的速度像是七十歲。全身上下沒有一點九十歲給人的那種刻板印象。

大夥中有人表示願意替她去自助餐檯拿吃的，她回馬一槍，「幹嘛？我自己可以去拿。」然後，她以剛打了勝仗的歡欣語氣說，「你看，沒人扶我。」接著從鋪墊得厚厚的堅實躺椅中站起來，輕輕鬆鬆，跟房間中其他人沒有兩樣。

這位婦女的丈夫去世多年，幾個女兒都已經六十來歲，兒子們住在好幾個州以外的地方，她好幾年前就放棄了自己的房子，如今在不同的公寓間移來搬去已經多年。她很快樂，很會說笑，活力非常非常充沛。

事實上，她更像是新的典型老人，比我們意識到的更常見。

老化人口給我們的印象通常偏於行動不便、依賴別人、孤立而悲哀、缺乏社會貢獻，他們是放逐在生命邊緣的愁苦靈魂，被大家丟在身後，留在一個早就過氣的世界裡。

可是每過十年，就有更多的人能活得更久。他們單獨過日子。而且，現在老年學的研究數據告訴我們，他們生活不能自理的年數很短。至少在已開發國家中，老年期其實可以享受甜美的自由以及種種新的可能。

然而，這段年歲也經常遭逢重大的遷徙。現代世界或許有眾多「退休計畫」，可是有誰真的能做那麼多的計畫？並且保證實現？我們很清楚，生命不是直線，它頂多只能說是個螺旋。

老人搬離已經住了不知多少年的社區，搬進小公寓，周圍全是從沒見過的人。他們放棄原有的社交圈、常去的老地方、鍾愛的寵物、高官顯爵、固定的工作、提高的薪水——我們的社會裡，超過六十五歲的人年收入的中數介於一萬二和兩萬美元之間。

其實，缺乏連續性可能是現代社會中老年的一個關鍵定義。不過，換地方、無連續性，也有別的意涵。這一刻來得雖晚，卻充滿解放生命的可能性。

有誰沒經歷過一心只盼自己徹底消失、一切從頭來過的人生階段？大多數人不了解，今天，老年就是那種新生。而我們都必須面對它，不管以什麼方式面對。

我們的禮物是認識其潛力，精神上和社會上的潛力，並且知道拿這個新生命來做什麼。

我們可以用它來交朋友、參加新的活動、養成新的日常慣例、開展新的社交圈。我們開始在前所未有的地方嘗試從沒做過的事。然後，我們就能對全新的一群朋友講述自己所有的老故事。

這一切多樣的體驗十分驚人，種種可能令人目眩。

我們不需要再扮演舊日角色，雖然後者已經定義了我們這麼多年。現在我們可以變化一下，說笑、裝傻、不負責任。我們購買新東西不再需要別人批准。

甚至，我們的想法也可以開始不同了，而我們也確實如此。

內在有個權威似乎從虛空中浮起。我們開始質疑的事情，過去連想都沒想過，更別提要去懷疑。我們既然不再是家庭中的執法者，於是便能比從前更欣賞年輕人，不那麼常批判他們，總是敞開心扉迎接他們。

我們坐著聽年輕人對我們說話，他們相信我們相信他們，相信我們的寬恕，相信我們的開放心胸。我們現在明白，事情會變。我們很確定，因為自己已經變了。有生以來，此時此地我們第一次根據一個人的本色來待他。因為，沒有人比我們知道得更清楚，在死亡以前我們都會質變。

我們鬆綁了，就某些方面而言這是第一次。而且，如果我們真的人格健全，會發現自己決心把這個新的生命階段活到最後一刻，釋放出所有恩典、所有樂趣、所有刺激的新主意、所有麻煩問題的引人答案。

沒錯，所有這一切都需要能量，而且是在我們可能以為自己不再有任何剩餘能量的生命那一刻。長久以來每件事似乎都讓人很累，要是我們不累，簡直就不像我們了。不過，累恆生累。不累的唯一方法是去做一件什麼事情。例如，邀請朋友觀賞一場表演。學打高爾夫，參加社交俱樂部，去YMCA游泳，計劃假期到大城市或國家公園旅行。和另一群朋友展開全新的生活慣例——一起營造另一個生命。

這段歲月的包袱在於，當那個由過去（不管是多麼美好的過去）定義、定界的自己出現了重大改變，便以為生命就此結束。

這段歲月的福賜在於，及早明白這個生命階段充滿可能性，充滿繼續活下去的欲望，充分把握自己的行動自由，去從事新活動，跟有意思的新朋友建立關係。

調適

瑞士哲學家阿密爾（Henri Frédéric Amiel）寫道：「知道怎麼老，是智慧的傑作，也是生命這門偉大藝術最困難的章節之一。」

經常伴隨晚年而來的人生巨變，必須啟用新的途徑來走出生命之路。最困難的一點在於，不管我們想不想變，變化都會降臨。我們發現處境陌生，周圍朋友都新交不久，熟悉了一輩子的人際關係已然消逝，或者有突發的新情況把我們捲入。於是，更重要的不再是我們身上發生了什麼事情，而是選擇如何面對發生在我們身上的事情。這可不容易。

的確，對我們來說，這是人類成長的最後一個重大階段。需要爬上最後那幾座高山：調適、嶄新、變化、心靈成長。我們的每一分力氣，我們對神聖宇宙的每一盎司信心都得卯上。

對那些擁有餘裕可在家中老去的人來說——也許在整個成年期所住的房子裡，也許在從小長大的城市裡，也許在自己喜愛的社區裡——「變老」往往幾乎不過是繼續本來的生活。那麼，變老只是原有人生的另一個時段。畢竟，我已經在這個地方住了很多年，我認得很多人，店家、公車、大街小巷都熟。我仍然是這個地方的一份子。一切全是我的延伸。我熟悉每件事，每件事都很安全。這種情況下，不管經過多少年，年數多少其實無所謂，我會覺得自己仍然跟以前沒有差別。沒錯，我的專業世界也許不再，可是我的生活還在。

當然，即使如此，也會有變化，但變化不大。我做的事情開始減少了一點。早上不去上班。晚上不怎麼開車。晚餐邀約不如以前多。可是除此之外，六十四歲跟六十七歲之間，六十九歲跟七十四歲之間，察覺不到多少差異。這樣子過下去，生命基本上維持原狀，不管春去秋來更替了幾回。

很明顯，第一次跟「年紀」的一大過招，來自於跟熟悉事物的分離。當昔日世界與今日世界被斷層線劃歸兩邊，當今天不再像昨天，當生命線碎裂，真正的變化於是來到。接下來，年紀就浩浩蕩蕩，以全新的質地進入我們的意識。之後，老化這個想法，以及變成「老人」這件事，就在我的眼前清楚聚焦。我的靈魂開始變色。我發現，不論我的身體看來多強壯，我的心理卻在奮力掙扎維持活力。

首先，工作沒了，接著，房子沒了，然後，珍貴的東西逐漸沒了，一次一小件，給了子女，一次一箱，給了廉價二手店。然後，私密性沒了，狗兒貓兒、書桌文件、旅行沒了，終於，車子也沒了。到了最後，有生以來第一次，自己沒了。

我曾經知道的那個自己——友善、快樂、隨和、知足——也有失去的危險。引爆舊脾氣的火車頭，更難控制。對他人的好奇開始消退，變得喜歡在晨昏時分，不開燈，坐在黑暗裡，想著曾經存在的事物。眉頭的皺紋刻成永遠。微笑變得簡略。

所有的危險信號都清楚可見。那個青春的人兒——我——正在死亡，可是我的死期還沒到呢。而唯一能把我從自己那裡拯救出來的人，是我自己。接著，我開始明白，比以前任何時候都明白，神聖就由日常構成，就在來什麼日子便過什麼日子裡面，神聖並非按我認為的神聖方式過日子。

現在是深入靈魂核心的時候了，該想想我身上正在發生的事情。變化並非不重要。當然重要。只不過，為了我自己，儘管很困難，我也不能讓這些變化成為定局。生命永不止息——我也一定要繼續前行。可是，該怎麼做？

我們究竟能怎麼做，好去抵禦、去保護自己不受這種情況影響？我們要如何應付自己不想應付的事情，儘管事情本身可能好得很？我們要怎麼面對自己覺得無法承受的問題？而一個簡單（卻令人不安）的答案就是，沒有「不面對」這回事。我們非面對不可，別的理由也甭提了，理由就一個：我們根本沒法不管。唯一的問題是，我們會決定好好管，還是管得一塌糊塗。

學習面對逸出軌道的生命，可是個長程作業。我們的實驗在年紀還小的時候就開始了——例如，不管自己身處什麼樣的情境，我們都可以歸罪他人；我們還會生悶氣，讓全世界都知道有件事我們不喜歡。然後，我們終於學到：賭氣和遷怒，不能解決任何問題，反而增加自己感受到的痛苦。

真相是，生命中沒有任何情境比處理好隨年紀而來的改變更重要的了。優秀的周旋技巧會使我們這輩子受用到底！生命中最後幾年的幸福，全在於此了。

然而，周旋的技巧各有千秋。心理學為我們定義了其間的差異。在最低層次，有些周旋方法只是讓我們選擇完全不予理會。例如，有些人由於變化的壓力，出現幻覺。這些人完全脫離了現實，走入醫學界稱之為「早發性的衰老」。他們選擇對生命鬆手，順勢滑倒。他們變得退縮，甚至前言不搭後語。我們曉得他們跟生命脫了鉤，像一個人在大海上，乾脆鬆手放掉了繫著船身的纜繩。

可是這種例子很罕見。更常出現的是，我們對於正在發生的事情保持相當靈敏的反應。我們跟它有交集。我們談論它，甚至對它執迷。最終，我們有兩個選擇。我們發現自己面對兩個社會選項，其一可以使我們的新生活成為有活力、令人興奮的經驗；要不然，就是去抗拒改變，直到我們自己成為抗拒一詞的活生生寫照。

抗拒，是周旋的第二個層次。抗拒者仍然有生活的能力，可是不成熟的情緒反應令人痛苦。是的，他們依舊進行生活例行公事：繼續清潔自己、吃藥、保持某種程度的外貌。然而，與此同時，他們不是我們所認識的人了。他們的靈魂在身子裡腐敗。一點一點的，小步小步的，清楚明白的，他們為了自己的情形而開始懲罰周遭的世界。當時辰終於來到，他們必須搬家，抗拒者可能會拒絕收拾，拒絕離開，或者會生病，不肯穿戴整齊。傳達的訊息很清楚：假使你要我搬離這裡，你得親自動手。或者，他們開始怨天尤人：都是別人的錯，不是我，跟我的身體情況無關，跟我的財務情況無關。反正絕對不是我的錯。「假使醫生早點治療這個病，我根本不必搬走，」他們說。或者，「都要怪我女兒，所以我才不能自己住。要是她肯，她大可替我做飯。」

這種消極性的攻擊，以及把本身的處境歸罪、投射到他人身上的做法，會腐蝕周遭原有的良好關係，而此刻正是最需要這種良好關係的時候。我曾有的好性格，平衡而令人愉快，現在變得扭曲、變形、病態。我成為一個壞脾氣、愛抱怨、編織瘋狂夢想的人，不適合自己的年紀也不符合處境。「他究竟怎麼了？」大家說。「以前他是那麼讓人愉快、那麼容易相處。」於是，大家開始躲我們。

在第三個層次的周旋，有的人也許搬離生活多年的地方，沒發太大脾氣，可是對新環境適應不良。他們不怎麼談自己的搬遷。他們壓抑自己的感受，壓抑到變得冷漠，對外界缺乏反應。他們把失去家園的憤怒轉向，例如，可能轉而對新遷入設施的管理者發洩。沒有一件事做得對。所有的一切，食物、噪音、照料、清潔，全都不及格。他們宣稱自己遭到漠視，或遭到虐待，或遭到歧視。他們根本拒絕接受目前的處境，只是不斷要求所有人都回到以前一樣的生活。他們卡住了不能動，成為一灘死水。他們嘟嘟囔囔，拒絕前進。於是，鍾愛他們的家人失去了他們，而此時他們離死亡還早得很。對每個相關的人而言，這都是一段漫長而悲苦的旅程。原本可以是愉快、活得好、自由解放的日子，卻成為靈魂的監獄，心的金鳥籠。精神滅為塵土。

但是，還有另一種方式可以處理這段歲月。周旋手段很成熟的人，他們這輩子都在學習如何以從容勇敢的態度回應生命中的困頓，以輕鬆幽默來抵禦改變所帶來的壓力。他們感受到痛苦，卻化痛苦為一項新的賜與。

「看看我的新豪宅，」老婦人展示那間小小的多功能單臥房公寓給大家看，她賣了房子以後，才剛搬進來。「我以前有那麼多孩子的時候，是需要一整層樓。

我早就該住進這個可愛的地方。」她笑著說。另外一個婦人終於搬進當地的退休住宿中心，沒多費唇舌。她再也不曾回去舊家，雖然很多人一定很樂意隨時帶她回去。「不用了，親愛的，」她對一個年輕朋友說。「我不需要回去。這就是我的家了。」她朝著建築物前面很大的會客廳揮揮手。「這裡有這麼多人需要幫忙。這裡有太多的事情我可以做。」

很明顯，這些個人已經到達了精神成熟期。他們處理痛苦的方式，是以新的喜悅取而代之。他們開始照顧他人的掙扎，藉以超脫自己的掙扎。他們生活在期待生命的單純喜悅之中——桌上的鮮花，俯視公用花園的小陽台，在大樓裡結識新朋友的意外，過著不需要擔心屋頂、庭院、打掃房子的生活。他們根本拒絕讓自己住在往日時光裡，住在記憶的昏黃中。「時間不停的向前走，」他們說，以自己的微笑送給遇見的每一個人。他們帶著微笑不停的向前走。

對於年輕的世代而言，沒錯，他們代表的意義是七十歲之後還有生命——還有得是。只要我們願意為自己創造生命。

這段歲月的包袱在於，我們不得不去有意識的決定怎麼去生活，決定成為什麼樣的人，決定把什麼樣的性格、靈性帶入自己參與的每一個團體，決定活得多起勁。

這段歲月的福賜在於，我們能夠活得如此開通，調適得這麼好，以至於他人可以朝我們注目而明白，「成為老人」在生命、神聖、美德方面可以帶來什麼而使世界不斷更新。

圓滿

在柏拉圖眼中：「老年感到深深的平靜和自由，各種狂熱已經放手，從主子身邊逃走，而且逃開的主子不只一人。」

年輕是個高爐，冶煉大家熱中的事情——事業和刺激，約會和成家，成功和失敗。

中年是那些事件的巔峰。這時我們致力於盡可能完成年輕時的選擇。我們想在工作上得到認可。我們必須生兒育女。我們忙著在公民社會、企業界、家庭、本地的社交圈中「扎根」。我們每一秒鐘都在忙忙忙，趕來趕去的忙，忙得趕來趕去。生活是一個轉不完的情緒旋轉門。生活載著我們從一個高峰抵達另一個高峰，從一個低谷走到另一個低谷。中年的生活往往活在刀口上。

可是接下來，就在中年情緒騷亂中央的某處，我們定下來了。我們學到，所謂的危機，多數根本不是危機。它們只是正常的生活。然後，到了生命的某個點上，我們的心力不再貫注在危機上了。我們開始找到平衡點。

等到衰老這件事在我們心中引起共鳴的時候，我們已經有所準備，可以平穩、果決、開心的去面對。然後，我們終於可以圓睜雙眼正視生命，並使生命在我們的瞪視下屈服。

柏拉圖所說的這些老年人——平靜而滿意，自在而知足，自豪於所曾做的事而又安於不再做那些事的現狀——他們隨處可見。我們都見過，都訝於他們過日子的輕鬆自在。我們卻不大提起。畢竟，要是其他人都曉得了社會上這種人有多少的話，我們的拚命三郎、好勇鬥狠的經濟可怎麼辦才好。這些人全都過得很好。這些人全都不需要跟交通巔峰奮鬥才能下班回家。而且，對於搶著抓住更多東西所意謂的付出，這些人全都不感興趣。

桃麗絲當了多年教授。在女權興起的時代，身為女性而攀爬學術階梯所帶來的生活刺激，是她過去所不能想像的。升遷、終身職、系主任、院長，都有可能。甚至還有傳聞，說她可能加入名氣更大的一所大學，因為後者正在到處尋覓女性教授，以便提高學校本身在男女平權雇用方面的聲望。可是，她說不。桃麗絲喜歡這個小城，喜歡自己在小城的兒童劇場的義務工作。因此，退休後，她仍然住在自己位於小城中心的小房子裡，跟街頭的兒童一起表演傀儡秀。

以前比爾是精神治療師，每天工作十二個小時。因為生活緊張來找他的人，一個、一個又一個，他們尋求某種平衡，尋求一點平靜，尋求從頭來過的勇氣，而他從不拒絕。然而，連續數小時的聆聽終於開始影響他自己的身心。比爾結束了診所，搬到別州，給所有人一個開展另一種生活方式的榜樣。今天，他管理一兩宗房地產，並且捐錢給專門協助身無分文者的慈善機構。

這些人是逃難者，他們逃離了以全球化經濟、大企業、商業貪婪、無盡欲望為名的國度。當社會正在培養我們向權勢與地位認同，而非如何去過真實生活時，身處其中的我們，要怎麼解釋這些人呢？何以我們當中有人堅決追求其他人堅決抗拒的退休呢？

只有年紀能夠教我們看到，高舉目標並達成計畫的同時，生活品質反而下降，並非假話。外表看來成功的生活，往往也因成功而粉碎。

年紀是自我毀滅的對症良方，是心靈成長的召喚。因為，年紀終於把我們帶到了別無他路可走之處，在這裡我們只能向內在尋求安慰，向內在尋求財富，向內在尋求真正有意義的東西。

此刻是生命的沉澱。我們的狂熱和短處——憤怒、嫉妒、羨慕、驕傲——退潮了，退到自己清醒過來、明白生命還有另一個全新層次的地步。我們的生命內裡以及我們對於神聖的追尋，已經開始主宰我們，以至於我們能夠著手估量，那些狂熱和短處已使生命流失了多少能量。

驕傲造成我們為過高的野心奮鬥，以至於忘了自己是誰。

舊怒在胸中煎熬過久，以至於看不見的苦汁阻礙了我們享受歡樂。現在，怒火終於收斂。當初究竟有什麼大不了的事搞得我們如此氣憤？值得這麼多的怨怒？

嫉妒引領我們誤入歧途的次數太多了。想要的東西終於到了手，這時我們才發現它其實改變不了什麼。我們還是跟以前一樣，焦躁不安，找不到方向。肉欲吸乾了保持關係長久所需的能量。我們專注於追逐新鮮刺激，而非一份關係所具有的意義。何況我們還被叮了無數個疱。

口腹之欲使我們總是感到饑餓，每樣東西吃了還想再吃。我們喪失了滿足的感受能力，而把生命的一部分浪費於大口吞嚥不持久的東西。

懶散把我們關進自我的墳墓。我們坐等生命來訪，以至於沒有督促自己去做對自己有益的事情。

豔羨他人造成我們忽視己身所具有的品質，老是去看周圍的事物。我們總想要別人有的，以至於沒有覺察自己生命裡的幸福。

可是，隨著我們年齡增加，黃金的光芒黯淡了。以至於有一天，金錢除了能購買愈來愈多的昂貴玩具以填滿我們心靈的空虛外，就再也幫不了任何忙。

當我們以雄心壯志之火把自己燒成了灰，以權勢的欲望毀滅了自己，那麼剩下可做的，就只是在還勉強殘留的靈魂餘燼中取暖，儘管我們根本沒替靈魂之火添薪鼓風。

如今，狂熱歸於平靜，而好奇求知、真知灼見、以心靈為宗的昔日火焰，再度在我們胸中燃起。令人驚奇的是，我們開始明白，不管我們有什麼，都已足夠。生命本身再度變得豐富。現在，沒有東西會讓我們心癢難熬，沒有東西會驅趕我們追求分外之得。除了我們自己，什麼都不剩了。而我們開始了解，這已足夠。

我們不再受制於自我。這是品嘗生命真諦的時候了，不再需要關切生命的表面裝飾。我們幾乎等了一輩子才愛上夕陽，才珍惜友伴，才放棄向來就太多的東西，才學會知足常樂——可是，等得很值得。

這段歲月的包袱在於，我們明白了自己所錯過的一切，而那一切已經錯過得太久。當時我們把自己的靈魂賣給了那個時代的物質偶像。

這段歲月的福賜在於，我們明白了生命中沒有一條歧路是白走的，因此我們心平氣和。實情是，我們在每一條小道上都學到無價的教訓。我們學到，生命的圓滿就在於發展自我最好的部分，此外別無所需。

神祕

朗費羅（Henry Wadsworth Longfellow）是這麼說的：「上了年紀也是良機／跟年輕沒差別，儘管已經換裝改衣。／正當暮色開始黯淡／星星漫天閃爍，此景白天何曾一見。」

生命晚年的神祕，那種滿足的感覺，朗費羅說得非常清楚。然而，要在晚年把生活過得興奮有意思，有個絆腳石——我們太相信自己正在失去某樣東西，以至於沒有察覺正在得到的東西。

生活中有太多東西針對的不是青年就是中年。幾乎沒有一樣能指點我們怎麼過這段日子，只有時間本身能做我們的嚮導、我們的伴侶、我們的目標。竟然少有人、甚至無人應許我們，當我們不再為種種事情而那麼忙碌、焦慮、疲憊時，隨之將至的光明燦爛。晚年生命的賜與是，我們將收割過去一切的努力。

不過，若要充分享受這個生命階段獨特的神祕，不能不讓自己衝出過去所有的藩籬，附在舊模子上的僵化禮節、個人需要、公眾角色、社交慣例，全要打破。我們把生活的規矩學得太到家了，以致如今要活出生活的自由時，我們卻不知所措。

現代生活的可悲在於我們太快、太輕易的凝固在個人的小世界裡。多少年來，我們走同樣的街道，按同樣的時刻表生活，吃同樣的食物，跟同樣的人說話，看同樣的報紙，重複同樣的對話一遍又一遍。問題在於，我們根本沒時間去漫步陌生的街道，或是浪費寶貴的時間去探索小小的精品店。假如你每天不在晚上七點前到家，衣服就來不及洗。比起在灰撲撲的老市場裡細看，在美食食品店裡挑選（那種店賣七種非水果口味的普通酸奶、七十種乳酪），一張採購單要快得多。老是在同一家餐廳舉辦的公司派對和商業會議，讓你根本沒機會遇到不認識的人。長途上下班，也不可能遇到新朋友，何況禮貌的泛泛之談早就摒除了政治、經濟、宗教之類的話題，剩下可說的也不多。

到最後，例行公事席捲了生活的每一個層面。當然，有例行公事會讓人覺得安心。有它，我們就知道要做什麼，而且要在什麼時候做、要怎麼做。不過，例行公事正在繁衍。它把我們變成低等機器人，思考能力不夠，以至於看不出自己對於一切都思考得太少。

在這一點上，老年解脫了我們。慣例終於能夠讓路給神祕、給潛在的可能、給生命中放牛吃草的休閒。

問題在於，我們可能要等上很長一段時間以後，才感到這是解脫。我們奮力抗拒解脫，搭起囚禁自己的牢房，一直住在裡面，最後麻木到再也不試圖逃走。只有變老，才會打開自我的牢房，把我們放出來——儘管我們無意移動。當個老人，給了我們這輩子從來沒有的機會去逸出正軌。比方說，我們可以在星期三出門，去山上的小屋。是啊，有什麼不可以？我們可以去圖書館，在閱覽室看上一整天的書。是啊，有什麼不可以？我們還可以停在水邊，坐在車裡讀完一本書。是啊，有什麼不可以？其實，我們就這麼走進生命的神祕，一直走到我們安於神祕，乃至於願意在終點將自己付託給神祕，又有什麼不可以？

當然了，時間表和截止期限在生活中自有作用。它們保持我們對社會負責。不過，當它們開始控制我們的生活，阻礙我們的生活，變成我們的生活的時候，問題就來了。

當我們容許生活去演化，而不是一直催促它前進的時候，神祕就向我們現身了。神祕是陌生的敲門聲，是突然見到不怎麼特別的一朵花在綻放，是午後坐在後院，是在城中搭乘公共汽車的一天。只是看見，只是注意到，只是在那兒。

一天之中發生在我們身上的事情，都是特地派來喚醒我們的心靈，去感受一樣新鮮事——嗅到的不同氣味，嘗到的新穎滋味，願意跟陌生人視線相交、嘴角上翹、點點頭打招呼——光是這麼設想一下，就是在創造神聖了。誰知道呢，說不定其中某個東西能帶我們去重新體驗一件痛苦的記憶，真切的感受一件光耀的往事，讓我們詫異得嚇一跳，使我們感知到生活中上帝的存在。

陽光帶我們回到了很久以前的一刻，而我們的體會出現了新的層次。詫異觸動我們，使我們意識到自己一直視而不見的東西。這就是神祕的本質。

在一個凡事冷靜計算的世界裡，神祕是有原因的。我們現在過的日子，分秒精確無比。人類擁有鐘錶以前，天亮和天黑足以做為生活所依循的框架。「我明天來」這句話以前的意思是，明天我該到的時候就會到。而現在，「我明天來」的唯一意義是，非常精確的，我會在那一刻那一分鐘到。沒有神祕，只有預期。

因此，神祕這個概念（也就是：好事任何時刻都可能發生，只要我們容許它發生）帶我們進入一個全新的體會——上帝隨時都有可能出現。現在，我們知道上帝總在我們最想不到的時刻出現。也許，愈是想不到，祂愈可能出現。

絕大多數時候，我們學到去否定神祕的、自己料想不到的事物，完全禁止它們侵入我們安排得有條不紊的生活。我們生活於緊張的日程表與山雨欲來的截止期限之間，戰戰兢兢的維持生活平衡，在這種情況下，神祕的風險太大。

不過呢，神祕會在老年之中蓬勃興旺。再也沒有任何一件事是我們能非常肯定的。每件事都涉及也許、說不定、搞不好、有可能。或許我還會在這裡，或許不會。像個兒童一樣，我們又一次學會驚奇。我們學到了每天起床是可以很有意思、充滿驚奇的。一定會發生什麼事情。會是什麼呢？

接下來，隨著歲月流逝，我們學會信賴時間之善，信賴造物者光芒四射的富饒生命。誰曉得呢？在生命的終點，守在那裡等待我們的神祕，終於在時間的瞪視下現出肉眼可見的原形，它或許大到靈魂都無法容納。

這段歲月的包袱是畏懼逐漸迫近眼前的神祕，彷彿自己本來知道的生命的神性，會在死亡時棄我們而去。

這段歲月的福賜是開始看到眼前堅實、穩固、熟悉的一切都還有另一層次的神祕與意義，正待我們以從未想像過的方式去體驗。從貧乏、固定、實用中解脫，也就是以從未夢想過的方式把世界衝破開來。在這個新的世界裡，一座山、一張長椅、一條青草小徑，都不僅止於本身；而是一個象徵，象徵前所未有的機會，象徵時間的神聖。

關係

厄瓜多爾散文家蒙塔佛（Juan Montalvo）寫道：「老年是死亡環繞的孤島。」

生命的核心所關切的不是物質，是人。當我們走到人生盡頭，而胸口仍然緊揣著不放的那一顆顆心，才真正定義了走過的生命。我們跟人的關係，決定了我們所了解的生命品質，展現了神在人世的面貌，並且把我們的心搓揉成生命的感受器官。

當我們一路走來搭建的人際關係開始消逝，自己的生命也就變了。此時我們明白被拋棄的滋味，發現自己其實不像向來以為的那麼對感情無動於衷。現在我們需要的不是物品，我們企求的是知心。是知心，才能把深陷於自我中的我們拉出來，放進盛裝新生命的容器。

我們眼看著心愛的人離去，發現自己處於時間的又一道關卡。現在怎麼辦？繼續獨行？還是停步，縮入自我之中？還是冒險再去跟人成為朋友？這是改變人生的大哉問，也是改變心靈的大哉答。而為了預防我們錯過學習這一課的機會，這樣的痛楚到處可見。

這個星期天早晨，路上車不多，碼頭上人很少。附近的交通沒有任何阻礙——可是也沒有任何動靜。碼頭正中央躺著一隻死鴨，柔軟的羽毛攤在地上。不過這不是故事的重點，故事的重點是失去。

環繞著鴨子，隔著一段給予尊嚴的距離，有一大群鴨子，彎起脖子，低著頭，安靜的待在水上。有些隨著灣裡流動的水默默搖晃。有些已經上到碼頭，繞著死鴨，發出低吟，彷彿是希臘劇中的弔喪者。在牠們當中，瘋狂的繞著死者拍翅、腦袋後仰、痛苦的尖聲嘶鳴的，是一隻單獨的綠頭鴨，牠誰都安慰不了，不斷發出求救的嚎叫。

「鴨子只有一個配偶，」從旁邊走過的男人說道，但不是對任何特定的對象，「一個終身的配偶。」

任何一個見過朋友經歷同樣事情的人，都明白那是什麼意思：一旦我們的配偶走了，在某種意義上，我們也走了。

這種事情發生時，老年的布匹就遭到兩種引誘的啃齧。第一種引誘是活在早就不存在的世界裡，幾乎密封在一堆發黃的相片的詛咒裡。第二種引誘是只想徹底隔絕於生命之外，避開再次暴露自己脆弱之處的所有風險，讓死亡在帶走肉體之前就先帶走了情感。

事實上，有很長一段時間，大家都對那些墮入情網的老人發出譏諷、嘲弄的笑聲。想再婚是不可能的。性行為不被認可，更別想表現性吸引力。在一個以青年的性行為及繁衍後代的婚姻為建築基礎的世界裡，老人之間具有性與愛的激情關係，被視為有些缺德。多少世代以來，婚姻的主要功用都定義為養育子女，以至於成人關係，尤其是年紀較高的成人，並不被當作一回事。

以繁衍——而非作伴、友誼或愛情——做為結婚的主要目的，可以上溯無數個世紀。為了兩家之間政治、經濟的任何利益，女子有可能被交易、「贈與」而進入婚姻關係，當事者的感受完全不在考慮之列。有繼承人才是目的，才是統治者、莊稼人、老人的保障制度。因此，親密、彼此支持、互相關愛的需求，全跟老人無關。愛是肉體的，所以隨著器質性的功用衰退，也該停止。此後，很明顯，大家理應過著孤高冷漠、沒有感情伴侶的生活。

所以，跟生命的其他任何階段不同，老人被迫面對兩種非常不一樣的關係所帶來的挑戰。

第一，老人必須面對由於死亡或搬遷而喪失的關係所餘下的縈繞不去的鬼影。對每個人來說，死者把我們的一部分也帶入墳墓，例如：再也完成不了的對話、再也不能達到的夢想。可是，對長者來說，去世的配偶、家人、朋友帶走的更多，跟著他們一塊走了的是回憶，是自我意識，是團體的歸屬感。說真的，死者往往將生者的能量也帶走了。

一個好朋友的葬禮過了，我們懷著一種新的痛楚，很清楚又有一條路對我們封閉了。現在同行的夥伴又少了一人，名單天天都在縮短。當配偶去世，填補不了的空洞更大。現在誰關心我們？誰真的需要我們在這裡？毫無疑問，被留在後面的那個人的生命，已經遭到無法扭轉的改變了——而且，似乎已經完結了。

第二，老人會在自己的圈圈裡為結交朋友、尋找伴侶的努力而掙扎，可是那個小圈圈正在跟周遭移動得更快的世界脫節。到處興建的「退休住宅村落」，設備經常很完善，可是缺少的是不同人口群的混居。旅館連鎖業目前正在集中力量發展有專人管理的退休社區，年長人士各自住在社區中的小型獨立公寓裡，至少可以住到八十五歲以後。

沒錯，多數長者身體健康，神志清楚，完全能夠自理。可是，現在結交新朋友要花力氣、使把勁。何況，值得花這個時間嗎？畢竟，友誼需要很多的照料、經常的交談，增進彼此了解的工夫搞不好比我們自己的餘生還長——更別提愛情了。所以，何必找麻煩？

自我隔絕的引誘太大了。然而，我們對於知心，對於安慰，對於電話另一頭的聲音傳來的存在感，我們對於這些的需求比從前更高。

生命的空白究竟要怎麼樣才能再一次填滿？假如填不滿，那麼還有真正的生命可活嗎？

實情是，關係是生命的點石成金術。關係使日常瑣碎變為金子，關係使人類社區變為事實；關係提供我們所需，並輪候我們的回報；關係是一個有愛的造物者存在於我們生命之中的跡象。有生命而無關係，這在人類發展的所有歷程中都不可能存在。那麼在人生的晚期，唯一的不確定在於，我們是否決定活在自我裡面，與過往的關係獨處；還是決定相信，過去因為有他人而促成的輝煌生命可以再度燦爛起來——如今是以新的朋友、新的時刻、新的精神來促成。

要讓這些成為事實，我們必須先伸出自己的手，必須使自己再次有趣起來，必須再次學習如何延請他人進入我們的生活——來一起看場比賽、玩個牌、吃頓飯、讀本書。然後，我們必須花點力氣走出家門，去我們這個年紀的人所聚集的場合，還要去不同世代的人混合聚集的場所，樂趣就來自於認識新的人、談論不同的事情。

這段歲月的包袱是，即使孤獨不好受，卻比跟人在一起要省事些。現在，乾脆把靈魂的窗簾拉上，放棄一切，的確要容易得多。乾脆等待死亡來領取在我們內裡死去多時的那些骸骨——對生命的愛、對生命本善的信念，的確要容易得多。於是我們把自己從生命抽離，眼看著生命乾枯。

這段歲月的福賜是，我們得到機會可以從頭再來一次，讓新個性、新溫暖、新活動、新人打動內心。我們非得愛上一個人不可嗎？不是的。可是我們非得愛人愛到一個程度，才能對別人產生跟對自己一樣高的興趣。我們非得著手使明天更愉快不可。

講故事

海西德猶太教（Hasidim）的信條說：「老年對無知者來說，是寒冬，對知者而言，卻是收穫的季節。」

為了把收穫分配給團體中的每個人，我們向長老尋求指引。老年是歷史的寶庫——個人歷史、家族歷史、國家歷史、世界歷史。可是假使一個文化無心諮詢長老，上輩人所知道的一切就全都浪費了。每位老者都是活故事，這些老一輩的人，遲早要把地球留給後人去好好領導，甚至比他們自己當年所帶領的更好。

每個社會的生命主根，就在老年人身上。這條主根深入過去，比其他根系都鑽得更深。長老知道每個觀念出自哪裡。知道為什麼會有那個觀念。他們明白家庭、公民、自由、奴隸代表的意義，真正的意義。他們明白革新和革命的區別。最重要的是，他們明白在我們身處的世界中，可以容納革新與革命兩者。

可是，甚至比老人的知識更重要的，是他們把故事傳給後代的能力，或要不要傳的決定。故事不傳，後代族群就失去了個性，失去了傳統，也失去了當初為何聚在一起、又如何聚在一起的活的記憶。

家庭故事向來是一代傳一代的寓言，告訴大家我們是什麼人，我們的根源自哪裡。祖先入土的葬禮儀式成為一種藝術，以特殊方式把過去的價值和理想保存下來。葬禮是個部族性的活動，用意在於提醒族人，彼此的聯繫生死不改。講述已死之人的故事，可以替家族搭起過去與未來之間的橋梁。

即使在我們的時代，不久前，死者還被陳放在家裡。儘管客廳裡在為死者的靈魂安息而祈禱，家中其他地方卻在為生者說故事。

在這些時刻，一個家族會向自己複述我們是什麼人，最初想要成為什麼人。在這些時刻，孩子們聽到了父母的幼年歷史。尤其是，年輕人開始理解，假使新一代不負起維繫的責任，那麼，將會有東西在家人呼出最後一口氣時永遠喪失。

戰爭與工作，婚姻與疾病，羞辱與榮耀，苦撐的力量與軟弱的危險，全都在家族傳說裡流瀉出來，金玉與沙石齊下。這些教訓永遠不朽：上帝是善的，是最終的裁判。戰爭是可怕的，或是光榮的。離開家是危險的，或是必需的。一個好的生活是不能靠錢而得的，而且，最終，只有我們自己能看透自己、拯救自己。

老人說的故事成為傳家寶典。那是生命的教訓，使我們堅強、聰慧、真實。圍爐烤火時、在客廳守靈時、開派對和追悼會時、慶祝節日時所說的故事，它們是編織起一個家族、一個團體、一個民族的千絲萬縷。這些故事成了把我們綁束在一塊兒的活的歷史。

然而，只有老人，才能說出可信的、有意義的故事。只有老人，才能在自己的體內裝載著每個故事的真理。只有老人，才能證實我們也有權利，在我們的時代為了自己的子女、歷史、民族、國家而活出我們的故事。

傳承故事，是變老的精義。傳承故事的人，見證了過去確實存在。傳承故事的人，決定了我們所有人的真相。他們的故事將帶著我們所有人進入未來。當祖父們訴說戰爭故事的雄壯，而忘了告訴我們戰爭的怪誕邪惡和無與倫比的恐怖，他們就在年輕的心靈裡播下了一顆光榮的謊言種子。當祖母們訴說分娩的痛苦而不提與之相伴的至樂，那麼認為生孩子這件事是個喜悅就變得比較難了。當任何一人不肯聆聽傳交給我們的種種故事，就失去了學習種種生命教訓的機會，只得自己去碰個頭破血流。

講故事的包袱在於，我們以為逃避責任，不去使自己成為活歷史的一部分，就能永遠不老。要是不告訴後繼者我們從何而來的故事，生命就將歉收，也會耽誤對方的耕耘。

講故事的福賜在於，我們意識到自己已經盡到生命的義務，已將個人經驗提煉到可助年輕人一臂之力的精純。

放下

柏拉圖說：「當肉眼的視力衰退，心眼的視力便會增進。」

心眼的視力——看透事物的內在意義、精神價值、基本核心的這個能力，從此將帶領我們前進。隨著年老而自然發生的資產清除，會讓一個人的精神本質顯露出來。生命似乎遵循一個無情的循環：我們在早年不斷的累積，晚年時卻將資產一件件清除。兩者都有其生命地位，都是一種努力，也都是解脫。

早年，生命是一連串的里程碑：說的頭幾個字，走的頭幾步，讀的第一本書，騎的第一輛腳踏車，還有第一個畢業典禮。然後，攫取的人生開始了。我們必須受個好教育，找一份好工作，過上好日子。在這個階段的生命裡，成長就是取得。

一路上的每一步都刻下某種事物的象徵標誌。現在，重要的是拿到好的憑證——大學文憑、技術執照、專業認證、升等加薪。而與此同時，父母和朋友、親戚和導師，都在替我們操心。假使我們爬得晚，他們會擔心，假使我們爬得太快或太慢，太專注或不夠專注，他們也擔心。可是不管步伐是大是小，大家關注的是爬升。

而我們知道自己做對了沒有，因為一路上都是標記，全程都在測量成功的里數。工作。存款。自用車。劃分人生必經階段的渡假旅行。我們自助旅行歐洲，或是在大峽谷露營，或是買輛機車騎遍落磯山脈，或是跟同伴去大城市慶祝成年。接著，有人說，我們安定了下來。

不過，對了，旅程離結束還早呢，而且恰恰相反。我們發現，安定下來的人生其實根本不安定。它有自己的標準，自己的掙扎。有另一套獎杯要去蒐羅；是不斷累積的長期實踐。現在有事業和公寓，有頭銜和房貸，有兒女和他們的畢業典禮，有社交生活和婚喪喜慶。還有，好不容易才有的退休派對。

接下來，我們抵達時間上的一大轉捩點。堆積的時代告終。我們只知道，此刻在爬升的終點，我們能到手的也就是之前努力累積的這一切。我們成功了嗎？現在，跟以往獲得成就的經驗不同了，我們在「生活」上的得分不再是別人給的了。這回，我們得自己打分數。現在的問題在於，我們要用什麼標準、要怎麼判斷自己的生活是否成功？

奇怪的是，如今我們發現，生活的一件主要任務是，去決定我們畢生積累的一切要怎麼辦才好。是送給親戚朋友嗎？是賣給古董店嗎？是打包捐給慈善機構嗎？是寫本記憶的紀實書嗎（讓每一幕都在腦中重演）？

突然之間，舊的里程碑沒有一個算得上什麼了。不過，又有什麼算得上呢？

當我們走到這一點，很明顯，我們生命的下一個部分終於揭幕了。

世上每個主要精神傳統的核心經驗中，都有出清財產的重要階段，在踏上精神追尋之路以前，完全捨棄個人賴以塑性定型的一切。在這個階段裡，覓道者思索生與死、精神與物質、地球之內與之外、自己與內在偉大靈魂交接的真義。

在這個階段，我們評估自己所知一切事物的價值，我們為了即將到來的那個世界，尋找高於世間物質的層面。於是，這個追尋之路意謂著我們將拋下累積至今的所有外在物質，以便將自身完全交付給內在自我的新生。這一里程的生命，我們輕裝上路。

當我環顧四周房內的擁擠，奇怪自己怎麼會留著大書桌，其實小桌已經足以勝任。這時候我的內在有個什麼正在變化。當三套碗盤顯得多出了兩套，我所需要的就不再只是東西了。當房子顯得太擠，車子顯得太大，完美的草坪顯得太麻煩，我的生命就已經開始了一個新的冒險。

現在，占去我們時間的是靈魂的塑造。如今，不管我們自覺與否（多半是不自覺），我們都會專程去發掘自己，究竟我們是什麼人，知道什麼事，關心什麼東西，怎樣去以僅足生存的最單純的自我而存在。

逐漸的，我們開始一次褪下一層。我們不再跟著商業大眾跑。取而代之的，我們發現了鄰居。

接下來，我們離開舊居、舊鄰里，住到小一點、比較容易打理、更容易放手的房子。

我們發現了肯亞人說「有牛就不用愁」的意思。逐漸的，我們變得少了一點外在形象，多了一點內在自我。

「一絲不掛的來，」有句俗話說，「一絲不掛的走。」不過，也不盡然如此。因為到了這個時候，我們已經學到了一點，我們上下求索以證明自己多有價值、地位多高、多麼成功的那些東西，毫無證明之功。其實，那些東西關係不大。真正能算數的是我們的內在而非外在。我們一路上學到的教訓、一路上對他人產生過的意義、一路上內在的演變，才是真正的自己。

問題出在那些放不下的人。他們的生命從來不曾有過「放手」的階段。他們不知道是從什麼地方得來了一個異端的看法，認為人擁有什麼就是什麼。因此，離開了房子，使他們空虛、焦慮。送走記錄了生命各階段的物品，使他們覺得失去了自己。他們還沒向內注視太久，他們目前還不能覺察、欣賞自己終於有時間、有自由，能替靈魂添加詩文、美感，添加友誼、探險，添加可以陪著玩耍而無需養育的孩子，添加一起討論重要話題而非天氣哈哈的同儕。

時候已到。我們有機會進入所有之前的生活為我們所預備的現在。此刻我們終於可以明白其意義了。不過，唯有放下過去才行。唯有放下跟成功有關的所有舊想法、放下人類所有的舊記號，最終才能在這一刻，得以單純的變成人。

這段歲月的包袱是，我們受到誘惑，想緊緊抓住過去的時代和物品，而不肯前行、進入解脫的時刻。

這段歲月的福賜是，我們接到邀請，能以輕快的腳步進入此時此刻——因為我們已經花了太多生命去為未來預備，而非享受當下。

學習

阿嘉莎・克莉絲蒂（Agatha Christie）寫道：「我非常享受第二度盛年，第二度盛年的來臨是當你結束了感情的生命、男女關係的生命，突然發現自己——比方說，五十歲的時候——面前敞開了一個全新的世界，充滿了可以思考、研究、閱讀的東西……就好像身體中有一股新鮮的泉水冒出來，點子、想法源源上湧。」

克莉絲蒂直到八十幾歲還在寫暢銷小說，粉碎了頑固石化的老年形象。大家想到她，只會想到教育知識與人生經驗的連環套，只會想到學習不但是終身任務，也是翻新心靈的終身召喚。

早年歲月的一個危險是，認為讀完高中，拿到大學文憑，我們就完成了人生的預備課程。文憑的問題是，它們很快就老舊不堪，或是頂多能替我們在很小的一個人生範圍裡做準備。當掛在牆上的證書日益泛黃，其宣告的知識能力業已過時，而我們人還年輕。

晚年歲月的一個危險是，困於老人不再能像年輕時那樣學習的迷思。心智破產的畏懼，成為年齡的焦慮。當退休年齡將至，大家最常提起的擔心可能就是，「我覺得我一定正在退化……」他們邊笑邊說——至少一開始是這樣——可是很快這句話就成了口頭禪（如果還沒變成啃齧心頭的沉默懼意）。「我又找不到鑰匙了，」他們說。「我怎麼會把他的名字給忘了呢？跟他同事了那麼多年，」他們擔心的說。「以前這些日期我倒背如流。現在全不見了，就是不見了。」他們嘆息。後果介於驚慌和絕望之間。終於發生了嗎？這就是大家說的老年癡呆？壞消息是，有可能。而好消息是，或許不是，不太可能，通常不是。

在老化的大量人口中，阿茲海默症的發病率增高，這件事帶來的最正面後果之一是增進了當今對於人腦的研究。直到現階段之前，大家深信不疑的一個想法就是，人腦跟人體的老化沒有兩樣，當身體開始衰老，頭腦也跟著衰老。直到現階段之前，大家接受的醫學觀念認為，大腦從二十歲便開始萎縮，到了七十歲，至少要縮小十%。到了八十歲，只能預期功能完全異常。在我們的心目中，一個萎縮、退化的大腦圖像被放得十分巨大。年齡增加等於心智衰退，就像黑夜跟在白天後面一樣牢不可破。可是，這個想法正確嗎？不正確。

神經研究現在證實，老的大腦體積是要小一些，可是心智能力不輸年輕的大腦。在某些方面，在反省和創造上，表現甚至更佳，先不說其他理由，光是經驗豐富這一點，就足以為心智的敏銳性加分了。

我們現在知道失名症（記不住名稱的病症）在三十歲以上就很常見。跟名字一樣，笑話、空間記憶、電話號碼，都是如此。彷佛大腦隨著年紀增加，就開始把「感情中性」的訊息分類丟棄。不具私人意義的，隨著歲月增添就愈來愈不重要，愈來愈難提取，而具有情感衝擊力的事物則反過來，腦中的印象益發鮮明。還有別的心智能力也開始更加敏銳。我們變得更會自省，更會分析，更能化資料為己用，判斷力更好。我們注意到資料以外的世界、人群、事件、觀念的其他面向，能夠予以吸收，融入解答之中。我們把經驗帶入知識，並把智慧帶入成果。

可是，唯有我們隨著年紀繼續發展、學習、修練心智的敏銳，上述種種才有可能。

如同克莉絲蒂所說，我們隨成長進入「盛」年。浮現新的能力，產生新的洞見。新的眼光成為可能。

其危險在於不提供成長的燃料。怠惰的頭腦、任其退化的頭腦，會出現危機。沒有任何東西可想，沒有任何挑戰的刺激，沒有任何問題要解決，就會出現一個疑問：我還剩下什麼可做？幹嘛費勁？何不停下來？

隨著自我的空洞化而出現的那種憂鬱症，是很不幸的，它出自於向「不必要」豎起白旗。認為自己沒用，是不必要的——除非我們自己選擇變得沒用。認為自己分量無足輕重，是不必要的——除非我們容許自己的心靈、精神變得無足輕重。

重點是，面對老化有兩種辦法：消極的老化，或是積極的老化。消極的老化是，隨著身體的自然變化而向靈魂的日漸痲痹讓路。這種老化把生命的最後階段視為在緩慢死亡中的最後受苦，而非視為活出不一樣的——乃至於無懼的——生命的時刻。

積極的老化則和年紀對身體造成的影響合作，按已變的步調來調整步伐。積極老化的人以閱讀來彌補喪失的聽力，以聽有聲書來彌補喪失的視力，會保持身體經常活動，不論所餘的體力活動受到何等限制，絕不會放任身體肌肉因為不用而變得不能用。

積極的老化堅持我們必須活出全方位的生命，不管生命的面貌變化有多大。哈佛大學「成人發展研究」的長期追蹤顯示，關於健康老年的清楚跡象中，有一個徵象會隨人類壽命延長而更加重要。該研究說，終身學習可決定老年的健康與否，可以決定生命的自我滿意程度，也可以決定我們引起他人多少興趣、對他人有多少價值、在他人生命中起了多少正面作用。

持續學習，免於老年人僵如化石的可能，而有使之徹底再造的機會。老年的問題不是老，而是固化、心靈硬化、喪失彈性。只有點子能滋生點子。倘若我們決定不再費勁學習新東西而對新事物關上大門，便是對持續成長封死了心門，然而持續成長既是對自我的責任，也是對他人的責任。

持續學習的能力，以及持續學習帶給生命的新意義，想必不是上天給我們的一個無謂的禮物。隨著我們成長，這個能力不斷發展，表示我們的學習能力有重要的意義。當生命所有的肉體面向愈來愈難施展、可做的事愈來愈少、愈來愈難隨心所欲，此時學習能力的意義豈非最大？當一個世代必須擔起責任，以歲月的智慧解答時代的問題時，學習的能力豈不是正好符合所需？

因此，問題並非老一輩的還有沒有學習的能力。該問的問題應該就只是：現在我們要學些什麼？我們要在本來從事的領域變得更好，成為被諮詢的對象，成為該領域的權威嗎？還是要進入從未接觸過的全新領域——學一種新的語言，以便幫助鎮上新來的移民家庭；學習木工，在車庫裡開始一個修復家具的小生意；學習電腦，自告奮勇教導那些需要電腦能力以便覓職維生的人？或者，背誦詩篇的每一字每一句，禪宗公案的每一則故事，《可蘭經》的每一首韻文，以便這些觀念在我們的靈魂裡不斷回響，直至我們來到同一個上帝的面前？

這段歲月的包袱在於，我們害怕歲月只會給曾經很能幹的我們帶來無能。

這段歲月的福賜在於，我們發現在自己置身的生命此刻，終於可以全心貫注於過去一向想學、想知道的所有事物，因而可以成為比過去任何時候還更重要、更專心、精神層次更高的人。

宗教

西藏大師薩迦・班智達（Sakya Pandita）說：「即使身體衰弱，有德者仍然在增益行為之美。一根點燃的樹枝，即使朝著地面，火焰仍然上揚。」

這些火焰在每個社會的長老身上，燃得最亮。老年的精義就是去問那些我們忽視已久的問題，去弄清答案的意義，以便他人有一天能目睹萬物的生命之旅得到完成。

宗教不是題目，不是課程，不只是一套信仰，而是轉變的歷程。跟宗教有關的最大誤解，是以為有了其中一個層面——題目、課程、一套信仰——就有了宗教的一切，而如果不跟所有人分享這個層面，那就不是真宗教。這些認定可以帶來大難——對自己而言是大難，影響及於他人也是大難。

實情是，宗教不是單一事物。宗教是多層面的現象，弄得好，能使攀援任何一座精神之峰的人登上峰頂。它要求承諾、知識、修行、自省。但宗教不是其中任何單一層面。如果能把那四個方面都凝聚起來，會是宗教的最佳表現。可是，這意謂著一個很長的過程，大量的學習，很多的自省。最終，所有宗教都明白，要到我們的晚年，宗教的真正主題——個人與造物者的關係，評價自己的人生目標與行為，以及其後捨身投向生命的精神意義（而非投向生命的物質層面）——才能成真。

在生命的各個階段，宗教有不同的功用。從生命的最初直到最後，宗教都是一根標竿。它是方向，也是地圖。可是，宗教絕不是任何東西的保證。因宗教而墮落的，跟因之而獲救的，數量一樣多。很明顯，我們的人生目標不該只放在宗教上面。

在人生初期到青年期，宗教的功能在於形成良知。宗教定下準則，標出路徑。根據一九九九年南非開普敦世界宗教大會所接受的普世倫理守則，每個宗教都接受四項不可動搖的守則：不偷、不說假話、不殺人、不以性行為利用他人。那是良好人生的指南。我們學到了法律之上的法律，而這正是我們天性之所趨。

在中年期，宗教成為社交指南。它是我們跟他人關係的尺度。它有一套標準，既測量靈魂品質，也測量個人行為。宗教成為看待人生的態度。有些事情是神聖的，有些則否。宗教是我們依附的理想，儘管我們距離自己早年的心靈下碇處，已經有所漂離。所有的金科玉律，都開始遭到檢驗。我們因此明白，宗教更像內在深處的一種奮力掙扎，奮力去信、去做，而不僅是一種行為方式，說起來無趣，做起來煩人。

終於，隨著年事增高，當我們開始人生的最後階段，很明顯，行為符不符合理想再也不是宗教的主要內容。如今，生命的極樂和對神祕的不再置疑，成為宗教最終的啟示。那些我們老早以前所學的每件事，老早以前就或多或少放棄了的東西，其實從來不曾遠離，現在它們開始變得有意義了，開始成為我的一部分，開始成為我做為人的新開端。

社會中年紀較大的成員，他們不只在教我們怎麼活，還教我們怎麼死，怎麼弄清楚生命和死亡的統一，怎麼去愛生而不畏死——因為，我們心中明白自己向來都在旅途中，儘管有時候不知道自己的方向。

宗教的衝擊在於它的無所不在——連全世界想像不到它會存在的地方都有宗教。例如，莫斯科紅場上的大教堂。在蘇俄共產時期來教堂參觀的人，驚訝的不是金框聖像的數目，或是壁畫的尺寸，儘管一個個都美不勝收。最令他們驚訝的是教堂裡坐滿了吟唱、祈禱的信徒。所有的信徒都是老年人。而這是在一個認為信仰屬於國家不屬於宗教的國度。

在西方世界，宗教沒有遭到限縮，可是對很多人來說，宗教變成了標示一生不同時期的一種社會符碼。大家在教堂受洗、結婚、埋葬，可是定期上教堂比較少見——除非，正如政治開放前的俄國，你是老一輩的人。

老一輩的人跟宗教的關係，可以說明很多事情。

美國的若干調查顯示，在我們這個時代，所有教會的成員中，多數（約八十％）認為美國的整體道德水準不高，而且正在惡化。很多人不信任自己所屬教團的教士階層，疑心他們不誠實。然而，在受調查的十個國家中，說自己毫無保留的相信上帝的美國人比其他任何一個國家的人都多，其中老年人的信仰程度又更深。

看起來，所有地方的老者，都曉得年輕人不曉得的東西。他們曉得，到了最後，屬於什麼教派並非重點，真正算數的是精神生活，是信仰，是靈魂。

宗教和教派並非一回事。宗教說，有一個神聖的核心，我們全都源自於此，他日也將復歸於此。教派說，我的道路是通往核心的正道。

不過，教派——主張或堅稱自己的宗教信仰才是真理——卻隨著年紀增加而逐漸損耗。真理的面貌隨著歲月而變得不那麼清晰。在很多方面，真理甚至不像以前那麼重要。如今我們關心的不再是事實，不再是教條，不再是教義，我們更在乎的是生命的本質，既屬於此時此地，也屬於未來。那麼，我們的問題變得跟教派正統與否無關，而跟生命的精神層面有關：我們是獨自在這世上，還是有個目的帶我們來世上？那個目的純屬個人的目的，純屬於我的目的，還是更為寬廣？我在這個世界上是什麼人？我的使命是成為什麼人？我們來到世間是隨機、非理性的產物嗎？還是為了使這個星球在我們離開時變得比我們來時更好？

在老年時期，有意義的不再是我們的崇拜方式，也不再是我們上教堂或猶太會堂或清真寺或廟宇的時數。而是明白了我們都在進行精神的旅程，並且不管我們的旅程如何進行，有意義的是在旅程終點我們成為什麼樣的人。

於是，使宗教變為戰場的那種教派主義開始失去光彩，而宗教——沉浸於生命的神祕——開始占上風。

於是，爭執誰是誰非、何者對何者錯的論辯，開始讓出空間，取而代之的是新的疑問，如哪個好哪個不好、什麼是生命什麼不是、何者重要何者不重要。

於是，在晚年，宗教不再只是一連串的典禮與儀式，不再是規定與答案，如果遵守就可以在永恆的記分板計上一筆。宗教變回本來應有的面目：一種追尋，一種與聖靈的關係——後者吸引我們向祂接近。始終不斷。直到「始終」的意義變得模糊。

宗教不再是套著脖子的枷鎖，而是溫暖、柔軟、強烈、堅實的領悟：沒錯，宗教一向所為的皆非白費。

這段歲月的包袱是，生怕自己沒有好好信奉宗教，以至於愧對教義中的生命。

這段歲月的福賜是領悟到：沒錯，這一定不假，上帝創造了我，祂正在召喚我向上，超越自我——歸去。

自由

十九世紀奧地利小說家艾布娜艾申巴赫（Marie von Ebner-Eschenbach）寫道：「年老，若不是使人變形，就是使人石化。」

知道年紀不會改變我們，是非常讓人感到安慰的一件事。年齡何止不會改變我們，在某些層面，我們只不過是變得更像本來的自己，性情與行事皆然。換句話說，是的，我們此刻就可以決定，到了八十歲時，自己打算以什麼面貌出現，平易近人、讓人喜愛？還是跋扈、易怒？按自然規律，我們不會愈老就愈愛抱怨。老實說，我們一向愛抱怨，可是現在我們曉得不會有人責怪，因而放任自己怨氣沖天。我們不會愈老就愈柔軟。我們只是愈發不害羞的去愛屬於可愛的老年的每一天。我們只不過變得更像我們向來就想成為的樣子。現在我們可以自由的選擇自己在世上的生活方式，自己跟周遭世界相處的方式，自己對生命的態度，自己從中獲得的意義，自己放入其中的禮物。而這一切都能改變。

一九七〇年代，莎拉三十來歲，是已婚美國婦女最早「回去上研究所」那批人中的一個。她有兩個年幼的子女，一個專職工作的丈夫，還有一幢農莊，坐落在全美十大名校之一的大學城外圍，隔著一道山丘的大學城充滿了一種新的活力。她放養山羊，自己種菜，吃有機蔬菜，自己做醃黃瓜。一切都合乎當時的慣例，就只有一點不同，她想做的不僅於此。

她還想要個碩士學位，而且，最終還想讀博士，後來塵埃落定的時候，她兩個學位都拿到了。不過，看不出她的動機是為了做學術研究。

相反的，她對於自己能教幾門大學課程，然後離開學校，回到她所說的「真實世界」，已經感到很滿足。回到真實世界以後，她安定下來，替當地向一般民眾發行的小鎮報紙寫專欄。

到後來，莎拉搬到南部另一個小鎮，在所有人的眼中，她只是在那兒重複了自己本來的生活。兩個女兒搬走了，丈夫過世，而她繼續為鄉間一家報紙工作，寫專欄，出版食譜。

這一切大可歸在「婦女典型」的欄目下面，只有一點例外。她六十五歲從報社退休，去了泰國。在那兒，她教導曼谷的年輕女子英語，那是一個國際志願工作者在開發中國家的服務項目。在莎拉的一生中，這是她首次獲得了「自由」，而她又一次安頓了自己。

在某些人看來，她的情況頂多可說是令人不安——如果不乾脆說是有毛病。怎麼有人會做這種事？去那種地方？以她那種年齡？

或許要明白得花點時間，可是其實不難理解。莎拉不想要「自由」。她想要自己向來想要的東西。她想要當「莎拉」本人。世上其他人——鼓吹老年是進入某種成人樂園的那類人——只不過誤解了「自由」的意思。

特意以低姿態跟老人交談的傾向，來自於認為老人缺乏能力的種種刻板印象——上年紀者一旦自工作崗位退下，那種扭曲誇大的無能形象就揮之不去。

我們不但不尊重幾個世代前的智慧和經驗——像希臘、羅馬、美國印地安人那樣——我們的工業化、科技至上的社會甚至把日常趕不上當今的技術、辭彙的任何人，都當成無知的嬰兒。一旦話題跟廣告手法、部門指標、工作內容脫節，過去多年所獲得的經驗，在製造出這些經驗的社會裡，就喪失了價值。結果，到了下一個季度報告，退休的人就已經一無用處。他們所謂的經歷全不算數，他們再也不懂這個系統的運作了。他們不認識人了，連經理都不認得了，而經理們也一直在組織中不斷輪換工作，直到被換出去，下場跟自己沒兩樣。所有的聯繫都已切斷，所有的關係都已過期，所有的經驗都化作塵埃。

結果，老人可以「自由」的成為無用之人，成為社會的壁花，成為系統再也不需要而被丟下來的人。

莎拉並不要這種虛假的自由。莎拉要做莎拉。她要繼續提供別人自己一向所提供的東西：生產、創造、做事、被人需要。因此她去了泰國當老師，那裡沒人問她幾歲，沒人在乎她的年齡。他們只知道她對他們很重要。

她找到了好好老去的祕密。她重新定義了自由，讓全世界都看到。

自由，在童年也許是完全以自我為中心的權利。在青少年，是把全心貫注在自己身上當成一門藝術，以便有朝一日明白自己是什麼人、有本領成為什麼人。在中年，是有自由去掌握技術，去預備自己，去變成專家，去完成獨立。可是，老年的自由，是有能力去成為經過所有這些歲月培育出來的最好的自己。這種自由，是能夠運用至今所學到的一切東西，使它們在此刻發揮出更加令人興奮的作用。這種自由，是能夠把握機會，以前所未有的方式，將自己貢獻給那些真正需要自己的人。在有真正需要的人的生命中，我有自由去成為他們的貴人。而我在這個新的生命角色裡，加入了世間的一小撮人——我們知道這一生要付出怎樣的代價才能度過顛沛流離，活得超出生命的預期，安全駛過生命的暗礁。現在，我自由了，我可以不只為自己，也為整個世界這麼做。

晚年的自由，解除了我們必須按照大眾標準去過日子的義務。我不再需要「合群」的屈從傳統要求、公司政策、政治或選邊站的壓力。隨我愛站哪一邊都行。我可以當共和黨俱樂部裡的社會主義者。我可以是鄉間土地規畫委員會上的女性主義者。我可以在石油公司召開股東大會時成為環境保護主義者。我可以拼起這一生所有的板塊，仔細權衡輕重，然後說出這個世界需要聽的話——趁著還有時間。

當我明白，自由其實是做自己、不做別人的權利——或許是有生以來第一次——我的靈魂才開始解放。與之而來的是思想的鬆綁。我可以成為一個新我，或者是更加發揮舊我。因為領我來到這裡的不管是什麼路，都不是我考慮過的、受吸引的、想去探索的唯一一條路。所以，何不趁現在放手探索，跨出一般常識和一生經驗的雙重邊界？

如今，我有權利去探索新的觀念，揣想新的想法。那些想法是以前父母沒教過我的，是我從來不敢公開承認的。比方說，我可以開始替自己思索跟上帝有關的問題。我的答案一定不比任何人的差——而且更接近我的內心。

終於，現在我可以自由的以從未試過的方式涉足生命的各方面，從前之所以不曾嘗試，是因為當初所有的方向都很清楚，所有的期許都設下限制，而所有的責任都有明確的規範。

現在，是從頭到尾重新細想一遍的時候了。所有的一切——上帝，生命，工作，關係，行為，目標。現在，我自由了，我可以按照自己的經驗標準，去測量那一切，去以自己的新知識重新塑造那一切，去嘗試新的精神能量引領我去接觸的任何東西，在控制了我這麼久的舊觀念之上去增添新的觀念。

這段歲月的包袱在於，我容許老年的所有刻板印象阻擋自己、困住自己，以至於停止了體內的生命流動。

這段歲月的福賜在於，老年給我機會去突破過去的生命邊界，為自己創造一個生命，使之符合現在我想要的人生。

成功

普立茲小說獎得主格拉斯哥（Ellen Glasgow）說：「雖然聽起來很荒謬，可是我是說真的——六十歲的我要比二十歲的我感覺更年輕。」

當我們因為中年接近尾聲而不禁哀悼起逝去的青春時，往往忘記了青春期其實很不好過。年輕時，我們擔心自己不受歡迎，不夠聰明，不能被接受。到了中年，我們擔心不能得到一切，不能擁有一切，不能享受一切。

可是，有一點毋庸置疑：到了六十歲，不管我們變成什麼樣子，我們是六十歲了。比賽的計時器已經走到終點。現在我們終於可以無邊無際的享受那種劫後餘生感，因為我們活著爬完了高山，脫離了無休無止的競爭，無需再不斷的自我犧牲。如今生活就是生活，不增一分，也不減一分。

然而，過去的制約實在太深。一定還有些什麼東西是我們應該為之努力奮鬥的，儘管我們已經到了這個時間點，已經到了這一步。一定有些什麼東西是我們應該要得到的，一定有些什麼東西會比我們的快樂和滿足更重要。要是沒有的話，那這兒還有什麼呢？而且，要是沒有的話，那我為什麼會有這種感覺呢？實情是，在我們還很年輕的時候，就有人教導我們什麼是成功，弄得我們年老時難以享受生命。

我們說我們在教導子女去做個成功的人，可是，我們其實是在教他們怎麼去競爭。老實說，我們這輩子都在競爭，卻稱之為「成功」。

我們為工作、為職位、為升遷、為加薪而競爭。我們跟鄰居競爭，看誰房子大。我們跟別的家長競爭，在孩子後面揮鞭督促他們競爭得更加厲害。我們跟家人競爭，看誰策劃的旅行更遠更奇。我們在生命的田徑場上賽跑、跳過每一道障礙，我們展示得到的每一面錦旗、每一座獎杯、每一個獎牌。到了最後，我們精疲力竭。

結果，潰瘍、心臟病提早報到。工作失去了吸引力，而那些本來跑在後面的，卻後來居上，趕過了我們。最終比賽結束。

可是，問題並不在不該努力奮鬥，而在我們犧牲了生活的其他所有層面，只為了達到成功。我們犧牲自己的意見、自己的欲望、自己的興趣、自己的個人目標，以便符合周圍人的需要，到最後，我們為了社會上的功名利祿——一份好工作、家庭的名譽、大家的期許——而犧牲了自我的抽芽發育。

我們成功了嗎？成功了什麼？什麼人曉得？這全看我們一向以為的成功是什麼而定。

要是幸運的話，這事勉強還有一點可取之處，那就是我們扮演的角色會比我們這個人先消失，而且很可能消失得比想像中的快。之後，新任務開始——我們必須翻新過去一向認為的成功的所有意義。

退休是反文化的文化。退休等於是說，活著並且學習好好活著，這本身就足以向世人顯示，生命本然的美好。做一份工作，是圖一個生存之道，而不是塑造一個生命。塑造生命，則要超越職業的角色。而這部分要靠我們在謀生以外的人生所有其他層面上都努力追求成功。

退休時得面對的問題，不是我們在尋求社會上的「成功」時，傳統教我們去回答的問題。

我們是否成功的使家人成為「一家人」？如果不是，還來得及。我們可以打電話給子女，而不用等他們來找我們。我們現在可以寄卡片、自願開車、帶孫兒去動物園。

我們做個好鄰居是否成功？如果不是，附近會有人需要幫忙去店裡替他們載貨品回來，同一層樓會有人很高興來搭個車兜個風，會有人很高興有個牌搭子、有個看戲的伴、有人一起吃點東西好好聊聊。

我們培養一個真實不虛的屬靈的生命是否成功？在屬靈的生命裡，上帝無時不在支配我們的一切存在，遠不止於在聖日或按祭典曆法參加崇拜儀式。如果不成功，我們現在就可以加入祈禱團體，或是讀經團體，或是社會行動團體，去做需要做的事情，使地球在我們離去時成為比我們來到時更好的地方。

我們是否成功的在地球上度過和緩的日子，是否成功的在生活中達到平衡，有時間分給自然、給人、給上帝、給自省、給自我成長？如果不是，現在就是好好計劃每天時間的時候了，別讓日子在不知不覺間溜走。

我們是否成功的學會自尋快樂，在遛狗的時候，在做首飾的時候，在學習釣魚的時候，在修復木工的時候——我們是不是完全因為喜歡做而去做？

我們是否成功的培養了內在生命，而足以承受外在生命的風風雨雨？

我們是否成功的成為一個人——一個真正的人？真正的一個人！

最終，一切都會變得如此清楚：成功比人家告訴我們的要簡單得多。它是擁有最基本的東西，學會快樂，跟自己的靈性建立聯繫，過平衡的生活，不去傷害，只做好事。在這裡，好命的唯一檢驗標準就是快樂。

偽成功的包袱在於，它創造了一個人工標準，一輩子跟著我們，陷我們於恐懼，陷我們於永遠的不滿足，使我們無法放鬆享受退休，使我們投注於轉眼即逝的那些東西太深而脫不了身。

真成功的福賜在於，我們在生命的某一刻抵達了這一點，從此再也不會過分強調生命的任何一面。相反的，從此將輕鬆而完全的活出生命的每一面。

時間

畢卡索說：「要花很久的時間，才能變年輕。」

換句話說，晚年之美就在於，如果這一生學會了相信自己的見識不亞於相信學來的見識，那麼經過漫漫長路來到人生終點，我們將有一個很年輕的靈魂。

時間已經為我們做到了許多該做的事：我們更有深度。我們的性格層次更寬廣。我們的思考主張更加柔軟。我們已經丟下傲慢和威權，改而反思新觀念，尊重他人。我們以新的眼光清楚的看到在某些方面從未看見的東西。假如我們仔細觀察老人，那些自由的老人，那些讓生命自然發生而不去強求的老人，我們就會看到，這一切都在眼前發生。

湯瑪斯很英俊。他有細細修剪的白鬍，哲學家深凹的黑眼珠，唇邊謎樣的微笑似有若無的洩漏一個頑皮的精靈。這些彷彿都屬於一個更典雅的時代。不過他不是典雅的貴族，他是專業藝術家。「就是工作，」他的工作室牆上的招貼寫著。是的，的確如此，不只二十五年了，每天早上六點，他就來到工作室，展開做陶師傅孤單辛苦的一天；對這門古老的手藝，他多年來已創新了不少技巧。他的作品有古典的、巨型的，也有現代的、閃亮的，全世界的藝廊、美術館都有收藏，從羅馬的梵諦岡博物館、英格蘭的維多利亞阿伯特博物館到美國的史密森博物館。每一年，他都會再為那些收藏增添獨特驚人的作品。

他的日子充滿嗆鼻的黏土塵屑和釉藥的汙漬。他的工作室撒滿白灰，層疊著新斯科細亞礦砂和中國乾葉子的混合物，一袋袋黏土堆得到處都是，還吊著一排排等待進窯的素陶。一條狹窄的過道從門口通到工作桌，另一條則從桌子通向轆轤。這就是他需要的一切，就是他想要的一切。

他的藝術就是他的生命——他的過去和未來——而未來，做出完美的陶器是他的執著。「這是詛咒，也是幸福——一個人有這樣的一顆初學者的心，」他說。「你永遠達不到目標；你只能繼續學，繼續嘗試，抱著希望，期待有一天，該發生的就會發生。」

時間沉重的壓在他的肩膀上，他害怕不已。自己還有那麼多東西得做，他說。他已經七十八了，有點擔心大型陶器太重，自己臂膀的力氣會不夠，他計劃兩年後八十歲時，辦一個主要作品回顧展。他說，「離收攤還早呢。」每一年，他都製作一套新模子，跟以前的不同，更加耀眼，釉色更奇絕。

後來，某天晚上，他在房間外面的走廊摔倒，流了血。診斷結果震碎了湯瑪斯的世界。「不能開刀，」醫生說。「只剩幾個星期了，」他們宣告。「你覺得怎麼樣？」別人問他。「失望，」他說。

時間擺了他一道，不過也算等了他。他活得夠久、工作得夠久，才能讓那個初學者一次又一次的出擊。湯瑪斯跟時間競賽，這回他輸了。我們沒有誰不輸的。可是在輸掉以前，他已經學會跟生命玩上一場。學會的不只是做陶，還學會了不讓舊觀念阻擋新見識出爐。

時間，很明顯，永遠會擺我們一道。這是遲早的事。一旦我們鬆手的話。

對於老年，沒有比時間更沉重的壓力了，也沒有其他東西的意義更重大。時間是生命中所剩的一切——所剩的唯一。突然間，時間不能再浪費了。現在，時間以一種無情的誠實，恢復它本來的面目：它是生命最寶貴的財富。差別只在於，我們現在終於明白了。

可是，時間不是單一的向度。時間遠比「逝去」要多。它對於生命的作用，再無他物可及。

年輕的時候，時間過得非常慢，不是因為時間不均勻，而是因為那個時候我們總是匆匆忙忙。「活在當下」不是青年的標記。相反的，青年總是在半路上，正要去另一個地方。他們沒有耐心給現在，因為他們總想越過「現在」的藩籬，到達一個充滿可能的「不久後」。他們希望成熟，希望獨立，希望自己變得重要，希望變得有錢，希望變成一個響噹噹的人物。他們沉浸在「希望」裡面。

老人則相反，希望、奔走、力求，那些他們老早就用光了。他們沉浸在「即刻」裡面。此刻活著，此刻健康，此刻存在，此刻做自己，此刻感到快樂，此刻再度擁有愉悅而充滿願景的年輕。

超脫了為事業成就、身家安定而奔忙的歲月，給了我們生活無比的可能性。就只是去生活。現在，重要的不是關係、不是能力背景，重要的是時間。是以新鮮的自我存在、不老的見解去活出此後今生的時間。

時間不只沉澱我們，也沉澱事物。它放陳了記憶，讓我們有揀選記憶的樂趣。它放陳了不快，讓我們有忽視不快的輕鬆。它放陳了關係，給我們擁有確定感的安慰。

時間也深化事物。它賜與我們現在事事都覺得稀鬆平常的餘裕。今天可能很冷，可是，有點耐心吧，不會冷太久，太陽會再出來的。孫女也許正在哭，可是明天早上她會再露出笑臉的。鄰居可能又在起爭執，可是他們會和好的，就跟以前很多次一樣。不管一天死去幾次，必可期待復活。我們知道復活將至，因為——只要給它時間——以前向來如此，以後也將如此。

時間使事物成熟。它把一切事物帶向圓滿。我們自己也變得更成熟、度量更大、態度更平和。看，我們經歷了多少事情，不都活過來了，如今還有什麼會破壞我們的寧靜？我們看盡滄桑——戰爭、離散、痛苦、身體衰敗、關係破裂、事業危機、金錢短絀、債務重壓。可是，你看，我們仍然存在。我們還沒走。我們就在這裡。而那也就足以讓我們承受一切了。

如今我們活在時間的張力之中，有一種新的永恆感。這讓我們充滿了迫切感。它自體內上湧，有如巨濤在震撼情緒：誰見過這麼綠的青草？誰看過玫瑰開成這樣？誰體驗過夜將至而暮色漸暗的這種靜謐？假使這一切都曾發生過，那個時候我在哪裡？

時間是個奇妙的東西，只要能好好填滿它。假使我沒讓時間的逝去磨損精神，反而視之為活到最後一草一露的召喚，像湯瑪斯那樣，盡可能表現出最好的自我、不斷成長的自我、熱愛生命的自我，那麼，時間就是朋友，而非敵人。時間帶來強烈的生命感。鼓動我們去發現一切。它標記生命的完滿，生命的圓熟。它釋放內在的自我，一個從最初就一直在等待成形的自我。它是一種新的生命。

現在，我也有安靜的時刻，獨處的時間，去想通一切——我到過的每個地方，認識的每個人，做過的每件事，包括所有的輝煌成就和所有的可悲錯誤，所有的成功和所有的失敗——而對一切都感到快慰。其中沒有任何一件事不曾讓我對生命更了解，沒有任何一件事不曾讓我更堅強。所有的事情都是我。它們是我這生抵達此刻所有的一切——此時生命中唯一尚待答覆的問題是，我成為了什麼人。

這段歲月的包袱是，讓時間沉重的壓在肩頭，枯坐著等待生命了結——如愛爾蘭人所說，「又敲掉了一天，就等最後那個大日子來臨。」

這段歲月的福賜是，認清了這個最後階段是多麼重要、多麼有活力。只要我願意，我就可以辦到，就可以活出內在最終、最好的自我。

智慧

艾布娜艾申巴赫七十五歲時寫道：「年輕時學習，年老時理解。」

很明顯，她領悟了年紀的作用，以及長者的角色。

理解是社會的基石。理解使我們看清我們何以做我們所做，明白何以不能做所有想做的事情。老一輩的只有在為下一代培養理解時，在一起建築未來時，才擔起了十分嚴肅的角色。

世界需要老者的服務，但是這種服務不在於花了多少時間完成了多少文件、修復了多少機器。能做那些事情的人，數不勝數。

錯了，老者的服務不在勞力，他們的服務在於啟發，在於智慧，在於靈性的判讀。這些，只有背負了歷代前人經驗的人才能帶給我們，因為經驗會結束，唯有智慧不滅。而我們不可能在年輕人身上找到深刻的智慧，因為年輕人活得不夠久，經歷不夠多，還無法累積大智慧。

怪的是，當我們終於抵達此刻，真正對好好生活的意義有些理解，反而覺得此段人生活得最不對勁。知道的東西比以前都多的人，往往就在這個時候開始覺得自己毫無用處。我們在人生的中段脫離了主流，不再去辦公室、店裡或公車調度場，不再負責會議、委員會、孩子、家庭或生意，我們開始懷疑自己在人生中還剩下什麼角色。畢竟，曾經賦予我們地位或影響力的一切事物，都已經乾涸、消失或轉變。

孩子現在可以自立了。他們會打電話，會來探望，可是再也不怎麼要求幫忙了。他們現在經管自己的家庭，自己的財務了。他們不再尋求我們的忠告。

公司還寄新聞通訊給我們，可是我們的名字如今再也不會出現在訊息裡。我們幾乎不懂他們所用的語言，更不覺得還是公司的一員。事實上，我們根本搞不懂通訊在說些什麼。當然了，我們不會講出來，可是心裡知道自己落伍了。

我們聽到外面街上很熱鬧，我們聽到走廊上鞋跟敲過，可是沒人停步告訴我們，他們要去哪裡或去過哪裡。

很明顯，我們的角色（如果還有角色的話）已經變了。可是，變成了什麼？目的是什麼？而如果沒有自己的角色了，我們在這個世界上還剩下什麼？如果現在的自己跟以前自己認為那麼重要的事物完全不相干，那麼我們對任何人還算得上什麼？

其實，看起來脫殼的那一刻，正是我們對周遭世界變得更加重要的一刻。我們已經超脫了做為可取代的一個部件的那種生命。我們，以及我們所相信、所知道、所理解的一切，都無法取代。我們的這些知識，獨一無二。我們花了一輩子的時間發展出來的這些觀念，是無法以任何簡易的技術程序取代的。這些屬於靈魂。

我們現在的角色是去活出我們對生命的發現。智慧是我們的責任。唯有在這個社會裡活得夠久的人，才可以真正說有洞見，知道社會需要什麼，也有能力指出社會不需要什麼。

別的就不提了，光說這點：脫離工作壓力的人，可能是最理解工作壓力對於人類心靈影響的人。因此，上一輩的人至少能向所有人展示另外一種生活方式。

研究者告訴我們，現代世界上，自省的時間在美國比其他任何文化都少。西方世界中，美國人的假期最缺乏。例如，在歐洲，一般標準是每年至少有幾個星期的休息和假期，而很多美國人一年的有薪假日幾乎不到兩個星期。

美國 Work to Live 運動的創辦人，也是 *Work to Live* 一書（譯注：書名的意思是「為生活而工作」）的作者羅賓森（Joe Robinson）說：「就工作時數而言，美國人一年比德國人足足多做兩個月。」

老人藉由生活步調較為悠閒，藉由花較多時間再度開始閱讀、追究新的問題，藉由自願涉入當前議題的討論，因而有機會把經驗中得到的智慧交給我們。

老人有這個世界最需要的東西：將下一代從上一代的錯誤中拯救出來的經驗。例如，他們這一代認識到，集體種族屠殺與猶太民族大災難的恐怖深淵。他們這一代認識到，戰爭除了為下一個戰爭播種之外，一無是處。他們這一代認識到，再也沒有「硬漢式個人主義」這回事，我們同住一個變動的世界，禍福共享。老一代的人知道，唯有當下對每一個人都有利的東西，才會是最終對所有人都有利的東西。這就是智慧。智慧不是堅持按照老方法過日子，而是能使古老的真理成為今日活生生的記憶。

只有老人既親身經歷過好的決定，也親身經歷過壞的決定。因此，他們有這個智慧，可以提醒我們走另一條路，可以用歷史的眼光評估眼前的選擇。

老者的角色是，將智慧帶到世界大局的抉擇桌上，目前的桌上往往只有現實主義稱雄。世界需要的是那些會質問能做什麼、該做什麼的人。長者的經驗會告訴世界，武力不是解決問題的唯一方式。他們目睹德國、日本身受軍國主義的痛苦，知道武力不是建立安全的最好方式。他們也知道，金錢可能不是解決問題的答案。他們很清楚當腐敗淹沒正義，當權利的渴欲變為瘋狂的妄想，對一國的脊梁骨會產生多大的影響；麥卡錫主義時期就是一個例子。

拿掉老一輩的公眾面貌，也就拿掉了世界的記憶，拿掉了多少世代以降的敏感性。發明核子彈不難。然而避免使用它，卻是當前時代的頭等要事。而這需要大智慧。

智慧不是膠著於過去。智慧是全心貫注於理想的能力。如日本詩人松尾芭蕉所寫，「我追尋的不是前人的腳蹤。我追尋的是他們的追尋。」

而為什麼一個社會的長者必須沉浸在當前的議題裡面呢？別的姑且不提，就說這個理由吧：他們是唯一真正可以自由的說實話的人。他們現在不用擔心失去任何東西了，地位、奮鬥、金錢、權力，都不在他們意下。他們注定是社會的先知，羅盤，講真話的人。

錯了，老人不是對社會無用的人——除非，他們自己選擇做個無用的人。可是，在一個技術專家、政府官僚枝蔓叢生的社會裡，要是決定放棄預言者與智者的職守，就等於拋棄了我們所搭起的世界。現在是評價我們做了什麼、已經失去什麼、正在失去什麼的時候了——而且要不惜任何努力，讓所有人都聽到。當靈魂之光晦暗不明時，必須靠老一輩的以探照燈重新打亮人類的最佳理想。趁現在還來得及。

這段歲月的包袱是可能會接受這種想法：既然年輕的一代掌權，就沒有任何方法可以挽救人民。

這段歲月的福賜是，在一個缺乏人類真正目標、看不到智慧的榜樣、一味向前衝的社會裡，有機會去擔任思想家、哲學家、反對者、詰問者、精神嚮導的角色。

悲傷

培根（Francis Bacon）說：「老木頭最好燒，老酒最好喝，老朋友最可信，老作家的書最好看。」

他說得自然沒錯，至少就某個角度而言。變老的過程中是有個東西誘使我們安定下來。我們開始依隨舊轍走老路，不是因為我們沒法找到新路、新地方、新朋友，而是因為我們實在懶得費力。認識新朋友，培養新想法，談論新東西，學習新規律，不但花精神，而且留神的事物都得增加。相反的，熟悉感讓我們安心。它向我們保證，我們所熟知的那個生命還在，還很穩定，還很安全。

因此，我們把自己安頓在已形成了慣性的朋友、食物、地方、計畫、觀念之中。這樣比較簡單。還不只是簡單而已，也讓人滿足。那些事物既代表我們，也取悅我們。它們說明我們是誰，說明我們從以前到現在一直是什麼樣的人，說明我們是什麼地方的人，而且說得出為什麼。

可是，安於一成不變的過去的自己，是有代價的。為熟悉所支付的代價是對於失去感到的躁動不安，那是一種隨著生命中慣常事物消逝而生的愈來愈孤單的焦慮感：社區的酒館關門了，看球賽的體育酒吧歇業了，熟知我們的衣服尺寸和喜好的老店收掉了。它們一個接著一個消失，而我們益發覺察自己正在縮進一個只屬於自己一人的世界，再也沒人認識我們。

難怪隨著歲月逝去，一種自然的哀傷席捲而來。我們周圍的世界開始改變，一點一滴的變，形塑我們的那個世界正在褪色，沒有任何通知，連個招呼都幾乎不打。可是，接著有一天，所有那些歲月的美麗幸福，突然間旋風般捲起我們，使我們情緒洶湧。問題是，現在除了我們，再也沒有別人在乎。那些歲月的離去也帶走了我們的一部分。要為這種消失哀悼？還是歡呼？

逝去的生命塑造了我們。使我們悲傷的不盡然是它已然逝去——而是我們不確定它所形成的內在自我究竟還在不在。

當然，怎麼學會跪下晚禱、站起唱頌聖詠的往日記憶，對於持續當前生命並無絕對的價值。可是，或許值得問問自己，我們心中還有沒有留存一點早年的虔敬？憶起自己已經失落的虔敬而感到痛楚，是一種好的痛楚，意謂著我們心中仍舊有個什麼東西保住了童年的純真。我們還沒真的變得像自己以為的那樣麻木，那樣不信神。我們已經轉而去學習，在難得的德行背後的難得真理——不吃一番苦，就學不到的德行。只有在破戒之後——在我們不顧年輕的血氣方剛是否將影響救贖之後——才會真的學到教訓。如今我們知道，如果忘記了生命中上帝無所不在，就會感到無比孤單。這點毫無疑問——往昔的一些時刻再現心頭時，新的體認會帶給我們刺痛。

悲傷之所以來到，也是要告訴我們，年齡有其價值。從酒和乳酪可以知道，愈陳愈香的是那些擁有最佳品質、最好滋味、最高耐久力的產品。光是陳放本身並不夠。陳而香才是生命的真正目標。若是容許自己一邊放陳而一邊失去活力、失去能量、失去目的、失去成長，那就只是老化，而非隨著時間而愈陳愈香。

陳放是挑起生命每個層面的任務的那個過程。我們沒辦到的或者耽擱了的事情，一直都會是尚未完成的工作，有待日後解決。

生命的本意是要我們在獨立中成形，引領我們經歷始於學徒、終於出師的過程而進入成人，等到任務達成後，再帶我們上升到人類社群頂端的正直、智慧、長老的地位。那是隨著時間而成熟的過程，我們隨著自己的成長而更堅強，更愛護人，更能繁衍，分享更多智慧——以便後來者能走上更清晰的路徑。

因此，失去朋友的悲傷，來自於失去了每個階段都攜手同行，一起歡笑、學習的同伴。我們失去聯絡，他們搬了家，他們消失了。我們得自謀出路。或者是我們丟下了他們，去追尋更閃亮的誘惑，後來卻發現沒有任何東西比得上同伴。我們終於明白，任何高山都爬得上去，只要有繩索把我們跟與己匹配的夥伴繫在一起。年復一年，有些景象在心中逡巡，而未能把握住的感情記憶也隨之隱現。

最終，我們一直記得那些英雄人物，那些崇高的理想，以及那些我們繼承的善行美事。它們使我們年輕的意志集中於更高的目標，使我們感到靈魂廣闊無邊。它們像是磁鐵吸住我們的心。它們後來怎麼了？我們後來怎麼了？我們究竟可不可能達到那種水準？悲傷襲來，因為我們知道，我們曾經希望自己在生命中能夠如此純潔，如此無畏，如此真實，跟那些英雄人物的表現一樣。可是不知道從什麼時候起，我們的生活變得太有趣、太龐大、太複雜。所以，在剩餘的時間裡，生命還不能結束。假如我們想效法前輩英雄人物所為，盡自己的力量使世界變得更好，那麼沒了結的任務還多得很，有太多話等著說，有太多東西等著教。

這段歲月的包袱在於，有意向自然而生的悲傷投降（悲傷來自於人生旅途的變動），有意緊依悲傷不放，以至於當前的生活顯得灰暗而沮喪。

這段歲月的福賜在於，明白自己還有這麼多事情要做，沒時間也沒權利覺得悲傷。

夢

安・塞克斯頓（Anne Sexton）寫道：「在夢裡，你從來不是八十歲。」

不論身體變成什麼樣，年齡對生理造成哪些妨礙，精神是不會老的。在夢裡，在看自己的眼光裡，我們的模樣永遠很不錯。夢境的眼光總是出自一個年輕的自己，一個自我俱足、精力充沛、命運操之於我的自己，並且擁有鋼鐵的意志。

夢向我們洩漏生命的基本真理：年齡屬於生物，精神屬於永恆。年齡的大小不能定義我們。人的內在有一種生命力，是不死的。這個生命力向我們證明，年紀不會使我們變成化石。在我們內心深處，靈魂的住所，我們青春永駐。是這樣一種上湧的驅動力，在我們的一生中日復一日帶我們來到生命的吧檯，不管我們幾歲，不管我們經歷了多少困苦，都為我們做好再一次使勁生活的準備。只有寒冷、清晰的黎明光線會削弱它，使我們在心中害怕歲月已經剝奪了自己繼續活躍的權利。要是我們拒絕去再次思考生命的所有偉大觀念——或是關於每個觀念的自身處境——那全是我們自己的錯。

內在的我，衰老身體裡面的人格和靈魂，永遠保持警醒、機動。就連我們發現自己體力不再像以往活潑的時候，大腦卻仍在跟靈魂的許多想法較勁，心仍在翻來覆去的檢討生命中每一個情緒激動的時刻、人生旅途上轉的每一個彎。我們永遠在動，只要我們活著，不是這麼動就是那麼動。

因此，要保持活力，保持全副的活力，就必須敞開自己，接受生命永恆的夢。

為了在明天成為比今天更好的人，我們必須有夢。我們沒有權利放棄成長，哪怕不少人認為年齡的增加會磨蝕成長的可能。然而，成長意謂著必須願意重新檢視一切至今還在束縛我們的觀念。那些觀念還可信嗎？我們自己信不信？如果不信，那麼對於那些一直被我們觀念影響的年輕人，我們要怎麼跟他們說？

現代世界面臨的問題之一，就是科技比心靈更能吸引人。我們十分擅長報告世上曾經出現的每一個科技奇蹟。可是生命有其他元素更加重要、更加深遠、對人類社會更具衝擊性、在大太陽下更加隱晦，而我們多半完全予以忽視。其中一個元素對於老化具有特殊意義。這個元素向我們顯示，決定我們生命最終品質的夢想，永遠不會死亡，永遠不會出現得太晚。人類有這個能力去改變想法、重新開始、從頭出發、成為另一個人。

到了八十一歲的時候，美國甘迺迪和詹森總統時期的國防部長麥克納馬拉（Robert McNamara）告訴大眾，經過仔細思考，他不能再支持美國當初在越南的行動，也無法為自己過去身涉其中而脫罪。

甚至不止於此。麥克納馬拉在離開公職多年後寫了一本書，並且同意在摩里斯（Errol Morris）攝製的得獎紀錄片《戰爭迷霧》（*The Fog of War*）裡接受訪問。罕見的不只是此說距離事件發生當時還這麼近，也因為做此宣布的人，正是美國越戰行動的主要籌畫人之一。麥克納馬拉在成為美國國防部長前，曾經擔任福特汽車公司總裁。他重新省思自己過去的作為，為何那麼做，以及自己當時與現在的想法，而得到一個令人驚愕的結論：「雖然我們企圖做出我當時判斷為正確的事，也相信自己做的是正確的事，」麥克納馬拉寫道，「後見之明卻證明我們錯了。」

這個分析，權衡了人類道德的深遠夢想和觀點的改變，在越戰結束二十五年後出現。那個時代的其他領袖，位階都很高，也都跟他一樣身涉戰爭行為，卻拒絕進行類似的對話，不論是跟當時同代的越南人對話，或是跟美國人自己對話。

檢視自己的價值觀，不論當時還是現在的價值，這種做法本身對我們所有人而言都可做為一個標竿。它提醒我們在人生變化中，有東西可學習。甚至更重要的是檢視時要敞開心扉，並且願意公布結論。生命培育我們。生命塑造我們。生命轉化我們。當我們變老，生命會開放我們，使我們接受不同的看法，甚至是對自己的不同看法。

不論身體的年齡多大，我們必須繼續夢想什麼是值得擁有的，以便盡自己的一點力量使之成真。要是我們從觀念、從公眾對話、從公眾議題、從培養年輕人的價值觀等等領域就這麼退下來——聳聳肩膀，說「不曉得」，或是更糟糕，說

「我對這些事情不再感興趣」——就等於是拋棄下一代，隨他們按照自己的想法去做，毫無已知的經驗在前方引導。

我們必須容許自己有這個夢想：如果有夠多的人要求生命成為某種面目，那麼，生命的面目將會如何？不過，要做到這點，意謂著我們必須把促成世界今日面貌的所有一切前提都開放檢驗。所有的一切。

我們的夢裡藏著對這個世界尚未完成的任務。我們希望有個嚮導，告訴自己當前需要盡到哪些義務才能把智慧帶給世界。當然，這種智慧將出自種種經驗：出自我們的錯誤和理想，出自我們的損失和洞見，出自傷痛，也出自過去生命與現在生活裡諸多小小的喜悅。

這段歲月的包袱是，我們開始認為有夢的日子已經結束。然後，我們陷落在過去的泥淖裡。我們拒絕成長。我們以過去的錯誤做為整整一生的定義。

這段歲月的福賜是，有能力去夢想，還有自由去讓我們的世界（不論範圍多小、多麼局限）聽見反省的聲音、理智的聲音、感情的聲音、覺知自己有錯而厲行改正的那種震耳欲聾的聲音。

限制

倡言反對年齡歧視的瑪姬．昆恩（Maggie Kuhn）說：「年老不是疾病，而是強度和求生力。」

走向老年的人生之旅誰都無法停步，我們要是不正視這個事實，就會錯過歲月的賜與，就會錯過一個鞭辟入裡的真知：不管什麼時候開始看見年老的自己，開始想像現在（就在此刻）自己正在塑造多少年以後的我，以及自己會怎麼變成那個我，都不嫌年輕。每個人在人生中遲早有一天會開始想像生命的最後階段，並且認真的悄悄自問，屆時希望自己是什麼樣的人，以便現在就可以開始去做。假如幸運的話，我們會碰上年紀較長，能刺激我們提早抵達這一天的人，那些人只憑做他們自己就足以觸動我們，我們無從預期會在什麼年紀發生，更不能預期將來一定會發生，或是會在自己身上發生。

如果說有任何人證明了這點，那麼非瑪姬・昆恩莫屬。看起來，她一點也不像全國各地主要醫界大型活動上的主講人。個子矮小，弱不禁風，站在講台上簡直就看不見。又是個女的。

當然了，一九八〇年代談女性談得不少，可是她們在公眾領域還不多見。昆恩似乎不像個能為老年婦女打下一片公眾江山的先鋒。然而，每次她一講完，大家——不分男女——都從座位上跳起來，大聲歡呼、鼓掌、吼叫她的名字。

昆恩生於一九〇五年，是灰豹（Gray Panthers）運動的創始人。六十五歲時，她從長老教會的牧師學院退休，發起了一個僅僅十五年即成為世界前所未見的最有影響力的退休團體。她的團體致力於革新養老院、瓦解年齡歧視、根除「離退脫鉤」（disengagement）的社會概念——後者是指老人應該從公眾領域中完全走出、放下、脫離。其實剛好相反。

虧得有灰豹們，調整老人待遇、予以經濟補助、打破年齡藩籬的立法行動已經進入國會，而且更棒的是，這些都開始被大眾接受。

跟隨著昆恩的腳步，大聲反對年齡歧視的新族群就此浮現。老人活得潑辣而健康，不斷往前邁進。我們是繼承者。

可是，認為老人中的老人——八十幾歲的那些人——可能對公眾議題發揮任何實質影響，實際嗎？按照一般定義，那些人總有某些方面受到限制，怎麼可能期待他們為自己塑造一個新社會？更別說為他人了。他們戴著助聽器。他們動過白內障手術。他們不怎麼開車了。嗯，或許沒錯。可是，只要是他們能做的，他們會以更大的幹勁和熱情來做。

對電腦他們懂得夠多，足可互相聯絡。對企業他們懂得夠多，因為不少人經營或管理過公司，足可用來組織人與事。對於政府，他們也懂得夠多，因為曾涉足政府各級單位的人不少，足可匯集所有的經驗、所有的熱情、所有的承諾以改變政治——儘管單打獨鬥的話，每個人都有其局限。「老人，」昆恩說，「組成了美國最大的一個未予利用、遭到低估的人類能量資源。」

甚至，不僅如此，他們還教會了其他人，各種年齡層的人，「限制」所具有的力量。是的，他們年紀不輕，走路不再如風──要是還能走路。也許他們無法組織政治大會或募款活動。可是他們為我們做的，無他人可做。他們使我們對「限制」的意義和功用全然改觀。

長者讓我們看到，限制──老人比其他人都先碰上的體力邊界──只是限制。它是邊界，而非障礙。邊界限制我們──沒錯，要多費力氣，多費時間──可是邊界不能阻止我們，除非我們決定受到阻止。其實，一處受到限制只會讓我們在另一處發展。如果你的腿腳虛弱，那麼上下輪椅只會讓手臂強壯。如果你重聽，就會開始寫更多的信。限制在任何年紀、在每一個年紀，都會喚出我們內在一種自己從未考慮過的東西。

限制，也會讓我們看見他人的需要。唯有限制，才能教會我們對他人的需要敏感。一旦我們的眼睛不像從前那麼好用，我們就會希望每個人都有視力輔助工具，而且願意做任何事情去達成這個目標。

受到限制，給了我們機會學習謙卑與耐心。我們不像以前那麼傲慢，可是比以前更堅忍不拔。我們知道，從椅子上站起來走到房間的另一邊做晚餐有多難，我們學會不再期待立即看到結果。我們可以等，可以再試一次。就像我們學會生活起居的例行公事可以用不一樣的動作去完成。現在，我們可以不斷嘗試尋找另一種方式來讓眾議員親自接電話、來發起請願立法、來使讀者投書登上報紙。

到最後，限制還會邀請他人一起加入行動。社區就建立在他人的需要之上——既有我們對他人的付出，同時也有他人給予我們的更豐富的回報。

窮苦的人、沒有名字的人、受限制的人、沒有親人的人、有需要的人、被遺忘的人，我們為他們發聲。我們跟所有的人都有了聯繫，所有的人都受到跟我們一樣多的限制，不管他們自己是否察覺。

限制，是人類共同的命運。幫助自己，就能幫助別人。幫助了別人，我們就擴展了自己的界限。

實情是，我們受到多少限制，全看我們要多少限制。拿限制來定義自己，就看不見限制正在呼喚我們去完成更多更大的事情。使昆恩成為現代英雄榜樣的就是：她超越年齡和體力的藩籬，成為世界亟需的強壯、有思想、有願景的人。

她體現了願景的精粹。她是化經驗為行動的楷模。她勇敢、敏銳且持久。她是每個人最喜歡的祖母，每個人的偶像，每個人都可以盡情傾訴的好友。她是我們每個人隨著時間推移都希望自己也能活出來的自我。

當今時代比過去任何時期都更需要彰顯真理與勇氣、願景與潛力的榜樣，年紀和限制不能做為我們不把自己當作一個人去生活的藉口。昆恩是全世界都想在老人身上看到的一切：智慧，真理，並且是我們所有人的未來都會更好的象徵。

> 這段歲月的包袱在於，我們可能向種種限制稱臣，彷彿限制真的能定義老年，而非僅是所有人生命的一個面向。
>
> 這段歲月的福賜在於，一旦願意付出努力，不向限制低頭，我們就會明白什麼才是關鍵，而且全世界都在等著聽我們說出來。

獨處

榮格（Carl Jung）教導我們：「對年紀較輕的人來說，太專注於個人，幾乎是個罪過，且當然是個危險。不過，對於衰老的人來說，認真關注自己，則是一種責任，也是一種需要。太陽毫不吝惜的以光芒遍灑世界之後，會收回光束以便照亮自己。」

榮格是探討內在生命的偉大心理學家，是他讓世人體認到，生命有階段性的發展。有些生命階段以外界為重心，另有一些則幾乎完全聚焦於內在、自省與意義的尋求。人生的最後階段，便在於搞清楚至今所發生的一切究竟有何意義。

最後的階段，需要有能力去問：我們穿過生命來到這裡，自己身上發生了什麼事情，以及為什麼發生；還有，怎麼去面對已經發生的事情。最後，可能也是最重要的，是去問自己如今這些事情對我們的意義是什麼。很明顯，這個階段需要勇氣，才能回答這類問題。

不過，那可不是在渾沌中辦到的。只有置身靈魂的正中央，以毫不留情的誠實，才能辦到。現在應該要停止給自己找藉口了。應該要讓生命的渣滓流掉、慶祝生命克服自我的那些勝績了——包括一些連自以為最了解我們的人都不知道的勝績。而那些使自己成為更新更好的人的勝績，當然會包括在內。

的確，那一類的思考和反省，只有一個人的時候，孤獨的時候，才真能想清楚。當我們發現自己周圍沒有旁人，此時所有以前認識的人都在心頭活躍，並再度回來幫助我們看清自己的來處、認清自己的現在，幫助我們規劃如何使最後的日子成為最好的日子。

「他們全走了，」那位婦女說，「我丈夫死了將近十年，我兒子一家遠在加州。」那麼沒有任何人跟她一起住了嗎？「沒有了，這裡一個人都沒有了，」她說，「有時候我妹妹跟她女兒會來看我。我也會去看她們——一年一、兩次。可是太遠，不能常去。」也許，這些話可能會被忽略，被當成是一個不幸的特例，然而這種情況隨處可見。她不是今日罕見的一個獨居老人。幾乎所有老人都是如此。不管在哪裡。

孤獨是一座新的老人修道院。

生命中的孤獨，有時候是有意的抉擇。畢竟，現在有愈來愈多不同年紀的獨身者，自己一個人住。他們喜歡獨立行動的自由。他們想要有個地方完全屬於自己，而且全由自己打理。他們正在從事一份以後有助於自己履歷的工作，因此單獨居住，直到這個職位引領自己去往另一個城市做另一份工作。也可能，他們正在過渡期，例如，介於跟父母同住和自己成家之間的空檔。獨處不是最後這種人的生活方式。

然而，老年的孤獨，往往不是自己的選擇，它的來臨由不得自己。然而，它毫無林中木屋的羅曼蒂克的心中圖像，也不像大城市裡一戶無隔間的公寓，或是某座海灘旁的高級住宅。現在，它只是一棟空房子，或是老人平價住宅的一間小公寓——隨著核心家庭的興起，這是今天非常盛行的現象。如今，大部分家庭已經很少有小孩會在自己長大的社區或城市裡繼續居住。大企業是罪魁禍首。

問題在於我們經常把獨處跟寂寞和隔絕混淆。隔絕是指跟世界斷了聯繫，起因非我們所能控制；例如，別人不跟我們聯絡，不管我們多努力的找他們。也許，我們住在主流社會之外，在草原上的一座農莊裡。我們病得太重，走路不方便，太害羞，太氣憤，離大家太遠以至於無法有任何社交活動。

換句話說，隔絕指的是跟周圍的世界不是隔離就是異化。獨處，則很不一樣。獨處是種選擇。是為了跟自己在一起而決定自己一個人過。為了靈魂之故，我們尋求獨處。即使很容易找到別人，我們仍然找時間給自己，把世界擋在外面，全心貫注於自己的內在，而不跟周遭發生的一切事情糾纏。

獨處使我們通向一個奇妙的世界，那個世界沒有雜音、沒有長物、沒有社交漩渦。至少有那麼一會兒，足以讓自己沉浸於簡簡單單的存在的幸福。

當外在世界的喧譁與噪音、壓力與打擾都安靜下來，那麼我們就跟自己在一起了。於是，外界的安靜促成我們走入內在。

獨處中，我們等待所有雜音靜下來，以便發現自己真正在想的事，在對自己說的事，後者通常壓在他人一層層的意見之下，以至於心中的話可能窒息。

獨處丟出我們多年以來積下的殘渣廢物，讓我們找到那個安穩深邃的地方，使衰老成為生命如此安詳的部分。

在靈魂的正中央，沒說出口的，積得最厚最深。這兒有老早以前我們不肯讓自己去想、可是又不能不想的那些想法。這兒也有我們從來不曉得自己擁有的想法。現在，獨處中，我們有機會拿出它們，在心中翻過來翻過去，仔細看看，擁有它們——或是跟它們脫離關係。就這麼定下來不再反悔。它們在我們心中一直大聲疾呼要求達成某種和解，不是跟別人，而是跟我們自己。舊日的怒火值得嗎？那個損失，從長遠角度來看，真的是個損失嗎？假使我們沒去做想做的事，那麼我們在另外哪個方面得到了發展？是獨處讓我們跟自己握手言和，也跟如今已經逝去的生命握手言和。

我們發現自己以新的方式跟過去重新取得了聯繫。我們現在超越了過去，不再覺得受傷了，不會再被侮辱了。不管我們做過什麼，不管生命中我們到過哪裡，現在我們之所以是我們，都是基於這個過去，因此更加堅強也說不定。

在這口自我的深井裡，尚未完成的自我、真正的自我，就在那裡等待我們注意。沒錯，過去的，我們一點也不能改變——只有對待事情的角度可變。沒錯，現在既存的，我們能改的不多——只有對待事情的角度可變。假如我們內在還有什麼尚需奮起克服，此刻就是奮起克服的時刻。

獨處不是逃離生命，逃離衰老的過程，逃離自己的感情。剛好相反。現在是整理、曝曬、超越的時候，是丟開昨日的負擔繼續下一程旅途的時候。

在最後的歲月裡，可以活出自己的生命，不應該因為之前發生的事而使自己自始至終都在感染發炎。現在我們有義務跟周遭的人一起好好活下去，是他們使這個新生活成為可能。虧欠他們的，需要以最好的償還。而我們內在最好的，就是完全不受過去汙染的部分。

獨處除了逼迫我們檢視過去的自己，也逼迫我們評估現在的自己。此刻，我們是否正以目前情況所容許的最快樂的方式生活？這個責任我們至死都不能放下。要是我們的內在有任何東西影響這個責任的履行，獨處能讓我們看清它。

這段歲月的包袱是，我們可能不理解，對於願意以時間、空間去探索自己的核心的那些人來說，獨處是個自然來到的禮物。

這段歲月的福賜是，獨處是如今歲月的自然狀態，送給我們自省，而使此時此刻成為令人心滿意足的地方。

生產力

文學評論家伊德爾（Leon Edel）寫道：「老年的最佳解答，就是保持腦筋忙碌，像日子永遠不會結束那樣去繼續過日子。我一向佩服契訶夫，他罹患肺結核快要死了，卻還在蓋新房子。」

堅持生活，到死方休，也許是生命的最高德行之一。在任何年齡都很容易停下來，滿足於現狀，拒絕再進步。可是，當我們繼續工作——不管是什麼工作，為了什麼原因，為了誰，或是為了高於自己的某個目標——當我們繼續付出自己，直到撒手那天，那麼我們就活出了自己的全副生命。其實，這正是生命圓滿的定義。對某些人來說，那是一輩子天天都澆花。對其他人來說，那是不斷書寫，不斷練琴，不斷準備讓世界因為我們曾經存在而成為更好的地方。

而不是說我們將變得習於（甚至樂於）讓自己日益衰弱頹廢，從內到外都乾枯凋萎，在世界最需要大家思考時停止思考。相反的，這是繼續過日子的藝術，這是每天叫我起床為人生做點什麼的藝術。這是向周遭世界顯示，我們每一個人的降生，都是要使這個世界變得跟我們來到之前不一樣。

退休跟我們工作不工作毫無關係。唯一有關的是我們做的是什麼工作，什麼是我們工作的原因。

我早年的工作跟我晚年的工作差別很明顯。退休的目的不是要我們不再工作，而是不再像囚犯從事勞動那樣被枷鎖綁在工作上。工作並非罪的責罰，像古老的精神手冊（譯注：以下引文皆出自《聖經》〈創世記〉）所暗示的那樣，我們命定「必汗流滿面才得餬口」，似乎早在原罪進入世間之前，在無意識中，人類就被告知「去修理看守」伊甸園。相反的，工作本來就是要讓自我得以圓滿，讓生存發揮目的。

因此，工作是靈性生命的必要面。不工作的話，「修理看守」地球、照顧我們自己的樂園，都不可能。我們來到世上，並非只是來享用地球的果子。我們也是來重新栽種、修剪、耕耘、照顧它們的。

我們做的工作，以及工作的方式，將會流傳給後世。因此，工作不是奴役。工作是創造，是自我的表達，沒人可以複製，完全獨特，完全屬於自己的。兩個人掃地，方式不會一模一樣。兩個人種花，方式不會一模一樣。每個人的工作都跟指紋一樣各有殊異，都跟DNA一樣各為原創。這是我們印在世界上的圖章，是我們留下的印記。

這麼說來，退休並沒有解脫我們繼續照料世界的責任。不只如此，我們退休後做的工作，雖然沒有酬勞，卻不是無用、沒有價值的工作。剛好相反。事實上，這可能是有生以來，我們第一次真正自由選擇去從事一項能表現最佳的自己的工作，因此也促成了周遭世界去表現出最好的一面。我們成為世界的共同創造人。

那麼，只有一個問題，我們要做什麼工作呢？答案是，我們所在之處需要做的任何事情！全國境內，幾乎沒有一個學校不歡迎義務輔導員；每一個非營利團體都需要願意促使團體運作而不要求工資的人；哪個城市地區會用不上鮮花裝飾、街道清掃、隨時隨地撿起垃圾？

這些歲月是用來使靈魂成長的。在這些歲月裡，你學會畫畫，重新拿起之前丟下的樂器，成為少年棒球隊的教練，探望老人院使許多孤身老者有人可以談談重要的事情。

這段歲月的包袱是，我們開始認為自己多餘，只因為我們不再受到企業的日程表所束縛。

這段歲月的福賜是，我們現在能夠以既表達自我、也有利他人的方式，來改變屬於自己的世界。

記憶

毛姆寫道：「老年讓人不好受的，不是心理或身體器官的退化，而是記憶的負擔。」

我們要做的，自然是拒絕使記憶變成負擔。相反的，我們的目標是賦予記憶一種意義，凸顯它的珍貴而非痛苦。沒錯，我們往往不了解，記憶是一種心智功能，但它也是一種選擇。此刻的生命要由一個時期、一個人、一個地方或某一刻的哪些記憶來塑造，我們可以自己決定。

記憶是人腦最強大的功能之一，也是對生命最具有決定性的因素之一。記憶中的一切跟我們每個人這一生的一切都有關係。記憶是匹野馬，不受拘束，無人駕馭，任意飛馳。經常帶我們到不想去的地方，或是不斷帶我們回到一個自己再怎麼想留下卻都無法駐足的地方。所以，記憶總是把我們扔進某個狀態，扔在某個地方，若非丟進渴想，就是丟進迷惑，總之是一個自己尚未了結的世界。

未了，是我們為不斷變老所付出的代價。

年輕人在長者的聲音裡聽到了記憶，也許喜歡來自過去的這些聲音，也許覺得乏味，但更常發生的是忽略了內容後面還有內容。記憶，不是過去發生了什麼，而是此時此刻在我們腦中發生的什麼。它永不休息，永遠不給我們清靜。記憶的組成材料是生命，而那些原料正在加工形成靈魂。

記憶有一種會騙人的能量。大家認為，既然事情已經過去，對我們的當下就不再具有意義。可是這跟實情差了十萬八千里。

不管我們記得的是什麼，它就是對我們意義最重大的事物。它標記了生命的未了。它是明白的印記，反映了對於我們仍然具有重要情感價值的事物。它拒絕讓我們忽視那些假使對自己徹底誠實就不能不承認的事情。最重要的，記憶，以及我們如何處理記憶，是讓我們成為青年的真正導師的唯一東西。它告訴我們，自己做過什麼至今仍在想念的事情，它提醒我們有哪些事情是自己沒做而希望做了的。這些會永存腦海。

「我那時年紀輕，父親又管得嚴，」那位婦女說。她瘦削而時髦，屬於獨立有自信的那型。「他不讓我參加舞會。」她停頓了一下，移開目光。「所以，我離開家，」她說，「我搭火車到加州，再也沒回去過。」她又頓了一下。「一直到他去世。」接下來，淚水開始凝聚。房間中老父在場的感受之強烈，簡直可以嘗到滋味。她七十幾歲，傷痕仍然歷歷如昨。

記憶是許多東西。是呼喚，呼喚我們解決心中總是揮之不去的陰影。是請帖，邀請我們快樂的回想那些雖已遠去但仍是生命黃金準則的事物。是希望，但願我們可以完成、可以持續那一度擁有卻太快失去的東西。記憶開啟了療癒的機會。它為我們保存自己的靈魂必須面對、必須搏鬥克服的事物，然後靈魂才能自由飛翔。沒有記憶，我們可能天真無知的繼續活下去，從未真正明白自己的生命還有未了的部分在心中隆隆作響，等待處理。

記憶是碰觸我們核心的唯一人類心智功能。它帶我們回到自己的來處，也提醒我們是什麼把我們從那裡驅逐出去的。它是一記響鐘，敲醒我們去完成心中早就開始卻還未解決的事情。它告訴我們，什麼已經錯過，什麼是懊悔，什麼在心中尚待平靜解決——假使我們的生命真的有一天能夠完全清澄。

能夠看到生命的全貌，而且不論何時都能辦到，這件奇妙的事是記憶的一大賜與。這使生命全局成為正在進行的一件作品。靈魂有一部分在過去，有一部分在此刻，而我們卻能繼續縫合一個生命，一個擁有個性和整體的生命。由於有記憶，生命不再只是一個一個彼此孤立的事件。所有的內容都可以整合為一個自我的形象，都符合一顆心的目標。讓一切成為真實，也變得完整。

記憶使我們跟前人有了聯繫。有時候，它把我們全身都浸入自己不曾經歷的一片片往日的碎片，使我們哀傷。有時候，它讓我們漫遊穿越生命中自己做得最差而且仍然感到抱歉的那些部分。

不過，記憶並非要我們動彈不得，陷在往日之中。它使我們現在能夠做好從前做不好的。它是最偉大的老師。我們要做的，便是設法變得能夠信任自己的記憶，讓它引導我們走出過去，進入更好的未來。

有意識的記憶裡，沒有一樣東西是不重要的。坐著聽人漫談他們生命的故事碎片，就能了解什麼是他們的憂慮，什麼是他們的歡喜，愛對他們的影響，遭到拒絕對他們的負面作用，而如今剩下什麼要解決——假使有意將失敗的過去痕跡和失去自己所愛的過去經驗，全部縫合而織起眼前當下的一個健康整體。

記憶容許生命中受到我們珍視的人能活在內心深處，目的不是把自己綁在過去的時間裡，而是提醒自己生命曾經美好，現在依然可以美好。

或許，最重要的是，記憶也會以情緒——感覺、恐懼、掙扎——挑戰我們，那些情緒目前是長住我們內心的未了的問題、未解決的痛苦。它們提醒我們還有什麼事情要做。它們成為明日的藍圖，以我們自己的經驗告訴我們如何生活，如何愛，如何忘記，如何再次啟程。

回憶不是老人的枷鎖。剛好相反。回憶是快樂的記起仍待追尋的種種可能；或是具有特殊意義的回想起尚待完成的事。回憶是成長的浮水印，它邀請我們收下舊日的喜悅，並呼喚我們再次去追尋相同的事物，事物也許有不同的形貌，可是依然承諾我們此時此地將有相同的喜悅。

這段歲月裡，記憶的包袱在於我們任其將自己緊緊融焊於已然消逝的人事地。

這段歲月的福賜是，我們了解記憶中的人生種種悲傷和快樂、興奮和安寧、成功和失敗，其意義在於引導我們充滿信心的走上最後的道路——信心來自於我們已經成功的跨越了過去的道道關卡，因此現在可以安全無憂的步向未來。

未來

在文學評論家克羅南柏格（Louis Kronenberger）的眼裡：「老年，是引人側目的最佳時光。我的目標是，」他繼續說道，「每星期至少做一件引人側目的事。」

七十歲以後的「未來」，不是社交邊界，不是地理名詞，不是心理概念，而是一種心態。應該說是兩種心態。然而我們聽了太多次，早就充耳不聞。一種心態說，「我們都在變老，有些事情可不能再做了。」另一種則說，「我一直想去看吉薩（Giza）金字塔，所以今年我可要去了。我一直想學曼陀鈴，所以現在我可要開始學了。」

未來，是變老的極甘甜的一部分。未來，要熱切的抓住。每過一天，它就更濃、更有活力、更不可少。對那些終於覺察生活中時間的立即感的人而言，未來不再是遙遠的彼方。未來是在這裡，就在腳下清脆作響，隨著我們的前進，對我們的要求愈來愈多。

大多數人的生活態度，彷彿是此刻沒做的事情，都可以日後再做。對他們而言，人生沒有急迫感，只是靜靜向遙遠的人生高峰移動。可是，並非人人如此。那些一路轟轟烈烈衝向六十來歲的人，充滿活力，經濟相對寬裕，點子多得不得了，而且終於有了充分的自信，然而現在卻跟死亡的意義展開從未有過的近距離接觸。他們發現，時間——自己的時間——是有終點的，心頭一震。於是，他們的疑問浮現，真切無比：對我而言，人生到了這個階段還對事情感到興趣，似乎毫無意義，那麼何必要有時間？為什麼在我做的事跟我這個人之間，有這樣的蟄伏期，這樣的落差？所有值得去做的事情，好像都做完了：工作結束了，孩子離家了，生命發霉了、發酸了、失去熱度了。現在拿時間幹嘛呢？只是過完它，填滿它？如果要填滿，用什麼填，做什麼用呢？

沒有工作要完成，沒有截止日期要追趕，沒有公眾需求要滿足，不剩任何一座山峰要攀登，這跟他們向來覺得生命應有的要素背道而馳。

從生命的上半層被擠下來，落入一種沒有形狀、沒有實質的無以名之的地界，使他們的靈魂僵住了。這些人開始不斷提醒自己，還有周遭的所有人：「我們正在變老。」

不過，現在還有另一種心態正在掙扎著要冒出來。隨著對時間的覺察，出現了一種迫切感，覺得生命中有太多另外的東西我活到今天才意識到。外面有那麼多空氣，而我以前從來沒讓自己去呼吸過。生命中還有其他部分，而迄今我都無緣接觸，都予以忽視，都無知無覺。老年跟人生其他階段一樣，都是學習的時候。其實，說不定就在這裡，我們會真正學好生命的真義。

老年是釋放不顧他人目光的自我精神的好時機。這種引人側目的精神來自於我們已經走過人生的市場，一路挑選果實，尋找快樂，不斷喜新棄舊。現在，我們終於知道缺的是什麼，好的是什麼，必需的是什麼。現在我們超越了年輕的自戀、剛成年時的求生奮鬥、中年的孜孜矻矻，而準備看向自己之外，看向生命的終極心搏。現在我們能讓精神飛翔。我們能夠做到靈魂所要求的一個俱足圓滿的人得做的一切。這是我們降生的原因。

現在什麼也擋不住我們。不論哪裡有需要，我們現在就能去。不論想做什麼，我們就能做。不論必須說什麼話，我們就能說。十九世紀從愛爾蘭移民來美國的瓊斯媽媽（Mother Jones），在紐約的血汗工廠打工，六十多歲時她站了起來，組織勞工騎士團（Knights of Labor），付出整個晚年為勞動階級的福利而領導罷工、召開大集會。「那個女的，」據說有個國會議員在挫折中大叫，「是美國最危險的女人。」

老年是當個危險人物的時候。玩得危險，誠實得危險，介入得危險，活得危險。這是去吉薩金字塔、去華盛頓的時候，是去派對、去政治集會的時候，是學樂器的時候，是去看等候我們上門的家人、去看需要我們照顧的陌生人的時候。

現在不是記住「我們都在變老」——彷彿「變老」是受詛咒者身上的那道咒語——的時候。現在是以全副活力去做每一件可能做到的事情的時候。現在是活在邊緣、活得有力、活得不顧一切的時候。不必為任何事情保留精力。現在就是好好去花時間的時候。

當我變老，我還有未來嗎？有的。在人生的這個階段，未來就是明天。

明天很神聖。它是生命這個禮物的最大提醒。它是我所有的資源，是我所剩能給出的一切。而它並非沒有目的，不論我在什麼情況，不論日常必須做的事情跟二十五年前有多大差異。明天是我現在擁有的、可以拿來圓滿自身的一切。

最重要的是，明天是用來活的，而不是用來蹣跚走過生命、等待死亡的。我得到明天的賜與，不會只是為了讓我再老去一天，再減少一絲活力。明天我的所作所為，將對身邊的每個人顯示，生命若非活得一生滿溢，就是遭到棄置，在年歲尚未走到盡頭前很久就乾涸無用。然而，這將等於背棄了那些注目我們，企求從我們這兒得到智慧、目的，以及一瞥他們自己人生意義的人。

只有老人才刻畫得出過去已有生命與未來應有生命的真正意義。不負起這個責任，令人覺得不道德。「拯救一個生命，」猶太教士說，「就是拯救全世界。」當我們變老，好好活出自己的生命，就是拯救一個生命。

這段歲月的包袱是，以為已經沒有未來。
這段歲月的福賜是，可為「活著、做自己、充滿生命」帶來另一種完整的意義。那就是我們自己的生命。

不老

作家拉森（Doug Larson）寫道：「如果你從來沒有丟雪球的渴望，那麼衰老的過程已經緊緊掌控你了。」

只有兒童才懂得想丟雪球那種情不自禁、不假思索、按捺不住的渴望。只有真正有智慧的成人才了解，除非真把雪球給丟了出去，否則不管在任何年紀，我們都可能逃脫不了那種受管束、被壓抑的心理餘緒。不過，這一點我們只能從兒童那裡學到，而他們只能從我們這裡學到什麼時候不丟雪球。

再次跟小孩子建立聯繫，可以使我們跟世界同步前進。那要怎麼辦到呢？方式多得超過想像。

那條街上木板搭建的老舊房子，不是分租給三、四個家庭，就是包吃包住的「宿舍」，而坐落於其中的一棟，從前是輪胎行，它在那兒流露出一種沉穩、政府機關的姿態，看起來十分奇特。它占據著街角，展示著亮眼的前庭和後院。兩側牆壁畫著色彩鮮豔、真人大小的兒童側影。這裡是個彈鋼琴的孩子，旁邊的孩子則穿著芭蕾舞衣在踮腳轉圈，靠後面是一個調色盤，再過去則是一個舞台上的小孩。這是活生生的兒童樂園，再明白不過了。世界上沒有一個小孩會看不懂那些標記，沒有一個小孩會不受吸引。

站在貧民區中央，由一間舊修車店重新裝修的這棟建築物，再怎麼豐富多彩，再怎麼熱鬧，名稱卻樸實無華。「社區藝術之家」——街角門上的紫色大字這麼稱呼。每星期有超過一百個孩子，從六歲到十四歲，會衝過地磚鋪成的屋外空地，進到音樂練習間、美術工作室、寫作角落以及成排電腦所構成的迷宮，他們當這裡是自己的家。不是學校，不打分數，沒有作業，不會因為做了自己愛做的事情而遭到處罰。他們在裡面打鼓，練習芭蕾，朗讀自己寫的詩，自己創作傀儡劇，或是畫一、兩幅油畫——而且全部免費。這要歸功於市民。這可不簡單。

可是，同樣不簡單的是，夏日經過街角時，你會看到那些兒童一動不動的坐在空地的椅子上，兩手撐著下巴，兩眼睜得老大，而衣著整齊的男男女女，都是城裡的專業工作者，在職的和離職的都有——律師、護士、上班族、退休人員——坐在太陽下，對孩子朗讀。每一個朗誦時段，屋外空地裡都滿滿坐著近百個兒童，而停車場則是停著近百輛車，成人匆匆出入，腋下夾著書。

每個兒童都有一個專屬的朗讀者，後者每天來，做沒有其他人會為這些孩子做的事情：把他們當作自己孩子那樣，讀書給他們聽，邊讀邊模仿動物叫聲，或是隨著書中角色而改變語調。他們把惡作劇的精靈、搭熱氣球的旅行、移民子女面對的挑戰、星球的奇妙、恐龍的特色，填滿了孩子的想像空間。

不僅如此，這些大人為這些孩子在親與子、聽話與自由的扞格之間搭橋，那是幾十年前祖父母所做的事情，那時候兒童跟祖父母都住在同一個鄰里，同一個城市，同一個州。這些大人使孩子信任成人。他們使孩子接觸成人的言談、成人的影響。他們給孩子躲開規矩的避風港。他們成為朋友，這個孩子跟那個大人。

老人和年輕人之間跨越輩分的友誼，對長者跟對兒童同樣重要。

兒童在我們跟當前、跟未來之間牽起攸關性命的繩索，要是我們獨自坐在獨立生活的公寓裡，就不會有這種聯繫。兒童不怎麼下跳棋了，可是可以教我們玩電視遊戲。也許他們不唱兒歌，卻知道收音機裡播放的每首歌的歌詞。他們使我們跟正在呼吸的溫暖世界保持接觸。他們也使我們保持溫暖，繼續呼吸。

兒童釋放了我們內在的兒童，趁後者尚未完全枯萎被風捲走。他們牽起我們跟自家的兒童，那些孩子我們一年只見一次，講起電話來不知道說什麼好。

他們如同提醒我們，自己仍然是整個人類的一員。不該把我們跟社會上其他人區隔開來，而該把我們當作智慧的核心，當作未來將會更好的象徵，當作蘊藏了書籍不載的傳說之寶庫。

社會一旦將家庭切割，並且認為理當如此，家庭就不復存在。相反的，我們有托兒所給兒童，有老人住宅區給上年紀的人，還有「家有幼兒者請勿申請」的高級公寓。剩下的完全是族群隔離、破碎不堪的社會，想在日常生活基礎上共同經歷生命的成長，幾乎沒有可能。我們已經失去互相學習的權利。最糟糕的是，老一輩失去教導的權利，我們是彼此的陌生人，也跟自我的圓滿失去接觸。

老幼之間這種自然而且必要的聯繫，不能簡化為一個「資深公民活動」日程。我們說的是文化的心臟搏動。它使我們的血管內外有新東西不斷流動，它使兒童的血管內外有超乎謀殺、騷動、毒品、性以外的想法不斷流動。

跟不是自己小孩的兒童建立關係，使得老人跨出自己，跨出私人生活的局限，再度成為完整的人。有並非自己父母的大人對他們關心、跟他們說話、教他們做自己父母沒時間去教的事情——像是怎麼釣魚，怎麼修理自行車，怎麼烤餅乾，怎麼用老方法爆玉米花——使得孩子有個大人為他定下心來，一個並非身兼管教任務的成人。

這段歲月的包袱是，容許自己跟周圍世界隔絕。

這段歲月的福賜是，找到一個孩子來幫助自己卸下原有一切角色，再次成為人類。

即刻

作家洛威爾．湯瑪斯（Lowell Thomas）透露：「我之所以精力充沛，有這麼多活動，是有個祕密：我一直能找到很多樂子。」

老年有個內在危險，假如我們任它得勢，衰老就可能成為一生中最艱難的一段時期，而非最令人滿意的時期——而後者才是正理。老年的危險就是，我們可能自己開始以老人的姿態出現。而有樂子，能讓我們開懷大笑；而開懷大笑，能讓我們在此時此地感到快樂。而此時此地，就是我們要過的人生最後階段，沒有第二種可能。噢，不過總有人認真的提出忠告，千萬別活得太滿，別找太多樂子。

「什麼年紀做什麼事」，在十七歲的時候是個很管用的忠告；七十七歲的時候，則是一樁錯誤。當我們開始擺出老人的姿態，不管這時年紀多老，我們都完蛋了。如果擺出老人姿態的時候，年紀真的很老，那更糟糕。到了那個時候，做符合年齡的事就是患上絕症。我們會把自己折磨成有鼻息卻沒有生命。

事情的真相是，其他每個人生階段都有該做的事，老年卻不一樣，這個年紀並沒有該做的特定活動。六歲到二十二歲之間，適合受教育。二十二歲到五十歲之間，適合生孩子養家。六十五歲到七十歲之間，適合逐漸減輕專業生涯的強度。可是接下來，七十歲之後，最適合老年人的唯一活動，就是眼前正在進行的任何事情。

如果生命真的是為了活著，那麼好好活著的祕訣就是學會活得充分圓滿，活得淋漓盡致，活得興高采烈。

我們往往沒弄清楚，要活得充分圓滿，很大程度上在於心態，在於靈性基礎，而不在於生理狀態。假如我們看到上帝是善的，那麼生命就是善的。假如我們看到上帝是個狡猾卑鄙的裁判，祂拿好東西試探我們，為的是看看我們會不會被誘入道德敗壞的境地，那麼生命就是應當恐懼的陷阱。

好好活著跟真心全意的精神狀態有關，好好活著會視生命為恩典而非贖罪，視人生為積極期待好事發生，而無懼於挑戰。我們之所以得到生命，不是為了受苦。我們之所以得到生命，是為了在經歷創造的喜悅和美好之中學會愛造物主。我們之所以得到生命，是為了以優雅的風度處理凡人之軀必受的自然苦難。

當我們不能迎頭面對生命，我們就不能活得充分圓滿。

在這個過程中，老人會遇到試探，這些試探聽起來言之成理，因此特別迷惑人，其實產生的損害卻愈來愈大。

「今天晚上我太累了，我想我不能去了，」衰老之初，我們就學會這麼說。可是沒有我們，其他人仍舊會去看表演，去參加派對或公眾集會。「她現在老了，不能做這些事了，」他們會這麼說。是我們先教會他們忽略自己，後來又奇怪自己怎麼不受重視。

「那太耗神了。我現在不做那些事了，」我們說。因此，我們不打算為七月四日的國慶烤肉野餐生火。我們不寄生日卡片。我們做的事情一天一天減少，直到有一天，坐著不動成為我們度過生命的方式。

「噢，那件事我從來沒做過，現在也不會開始去做，」我們說。因此，我們不去參加公園露天音樂會，不去學釣魚，不去打電話找人贊助教區園遊會。我們從生活中全面撤退，就跟已經死去多時沒有兩樣。而且是自找的。

「坐進那玩意兒，就為了看個瀑布？」我們說。「我可不要！危險極了。」因此，我們從沒看過尼加拉瀑布的水霧；我們不會在山頂觀景台上欣賞到落磯山脈的壯麗；我們不會從西雅圖的太空針塔眺望普傑峽。我們不去感受事物。我們擋開了不絕如縷的生命，卻又奇怪為什麼自己的人生再也沒有興奮刺激的事情。

「出門度週末嗎？」我們說。

「上幾堂終身學習的課嗎？」我們問自己。

「你知道要花多少錢嗎？」我們堅持。

「買電腦，就為了寄寄電子郵件？」我們質疑。

「在那兒多待兩天？我種的植物怎麼辦？」我們想知道。

所以我們沒多跨那麼一步去開始新活動。我們沒能持續變化，選在中途停下，然而來日方長。我們等著，在拿到生命這個禮物後，卻又原封不拆的退回。「哎，聽起來不錯，可是沒人跟我一起去，」我們說。因此，與其設法去結交新朋友，找到另外的同伴，參加不同的團體，不如在原地鑽個洞，把自己愈埋愈深。

「我已經過了做那種事情的時候了，」我們辯解，彷彿生命是一連串分級的操練，對某些人開放，對其他人婉拒。我們已經過了跟孩子一起坐嘉年華花車的時候了，我們已經過了除夕出門看熱鬧的時候了，我們已經過了在沙灘上看書的時候了。我們只想鑽進自己的巢穴，讓生命溜走。

假使我們真那麼做了，就會失去認識新朋友以及獲取新經驗的機會，還有，從尚待發掘的內在找到自我成長的機會。

生命，不只是被動發生在我們身上的事情——雖然生命偶爾也會靜靜等待——也是我們自己主動促成的事情。

我們做什麼，自己就變成什麼。勸自己去做新鮮事，我們的內在就會更新；不讓自己昏睡度過生命，我們就會清醒。忘掉自己的年紀，以充分的自信拒斥對人生大小事情的恐懼，不管是爬上兩級樓梯，還是攀登高山陡坡，那麼我們對自己就會更有把握。

除非我們讓生命從身邊溜過，否則我們不會「已經過了」活出生命的時候。沒錯，我們做不了每件事。是的，我們可能容易累，更快感到乏力。當然，有些事情真的太耗力，但我們可以去做體力難度不那麼高、感覺會更愉快的事情。自然，不少老友已經走了，他們曾經是多年的好同伴，跟他們在一起十分自在。還有一些活動確實超出了我們的預算。可是，這些情況沒有一個可以拿來當作藉口，縱容自己成為活死人。

現在是重新開始的時候了，應該更新自己，找到享受生命的方式，抓住每一次機會去做個興奮、有趣、重要的人。我們欠這個世界一項義務：去成為最好的自己，因為世上所有的人也都在為某件事情奮鬥。

這段歲月的包袱在於，我們貪圖快速，而容許自己太早就到達低於自己能力所及的目標。

這段歲月的福賜在於，歲月呼喚我們深入內在，去發現自我此刻存在的一切。此刻。就在此刻。

懷舊

影星凱薩琳．赫本（Katharine Hepburn）曾說：「關於年紀，我沒有羅曼蒂克的情緒，一個人要不是在任何年紀都是個有趣的人，要不就是很無趣。當個老人沒什麼特別有趣的——話說回來，當個年輕人也一樣。」

誠然，真相是人生並沒有一個完美、終極、巔峰的階段。不管現在我們怎麼樣，就是這個樣了。如果我們以任何階段為優先，而貶抑其他階段，就可能會錯失後者的實質。

沒錯，回顧是好的，我們憶起督促自己展開人生重要計畫的那些人，他們鼓勵我們不輕言放棄，催促我們繼續前進——可是，長期來看，回顧也可能造成傷害。知道自己的來處是好的，這樣才能測量從此處到將行之處的距離。記得生命中所有的喜悅是好的，這樣才能在黑暗的時辰裡擁有期待美好歲月再度來到的信心——因為，美好歲月總是會回來的。

可是，把過去當作自己的人生頂點並不好；一旦進入另一個人生階段，就把年輕當成神壇去崇拜，並不好；抗拒成為現在的自己，希冀成為自己不是的人，並不好。

把生命凍結在原地，把自己凝固在人生的某個階段，無法舉步離開那一刻，這樣的引誘太常見、太普遍了。

不同的人怎麼看待人生，最清楚的表露是，當最親近的人死去時他們是如何應付的。對有些人來說，生命在那一天停止運轉。彷彿路走到一半，他們便止步不前，因為痛苦而癱瘓，身心充滿了失落感。對其他人來說，這是時間上一個轉捩點。他們面對痛苦，帶著痛苦啟程，卻走出了痛苦。當一個人生階段告終，另一階段正要展開時，這兩種應對方式我們都曾見過，不過可能要等上一段時間之後，我們才會了解此刻所見將有哪些後果。

葬禮的第二天，幾個朋友路過，看看那位遺孀怎麼樣了。這時，眾人已經散去，空虛必然降臨。沒有人可以談談，沒有人可以在午餐時一起回憶往昔。沒有人轉移她的注意力，幫忙擺脫日子的沉重。她會需要有人跟她在一起。

總的說來，她丈夫的去世算是突然的，沒有纏綿病榻的過程讓人逐漸適應最終的失去。有的是一個意外，一場感染，幾次住院，陷入昏迷，緩慢而安靜的離去。而今整個痛苦才要開始。

大家到她家的時候，她在屋子後面。「你們進來的時候，能不能順便把那些大紙箱拿幾個過來？」她喊道。已經有三、四個裝好、封口的箱子，疊放在廚房門邊。

臥室裡，她彎腰站在五斗櫃的抽屜前，翻找衣物。男士襯衫疊在床的一邊，西裝、領帶在另一邊。「噢，好極了，」她看到紙箱時說，「現在，我可以把這些東西也打包起來。」

架子上和五斗櫃表面已經清得乾乾淨淨。空空的衣櫥敞著門。房間裡所有其他東西顯然已經收起裝箱了。這時，彷彿在回答我們沒說出口的問題，她說，「日子還是要繼續過，你知道。我們不能把現在變成祭祀過去的神壇。」

誠然，日子是會繼續。我們擋不住，也不能去擋住。不論引誘多大，人都不可能活在過去。假如生命是生者的，而我們不去活出生命，就等於判決自己提前死亡。更可悲的是，我們那麼做所假借的名義，正是當初培育了我們的那些往昔的關係、地點、事件。那片溫床使我們不得不信，在自身內在的黑暗裡，如今將有新的成長萌發。

記憶跟懷舊間，有條細線分隔。兩者並不相同。

記憶是重新回想。美好的回憶使我們在灰暗的日子開懷大笑，在寒冷的夜晚感到昔日的溫暖。美好的回憶集合起一切我們所需的昨日精靈，圍繞在我們身邊為我們打氣。美好的回憶帶給我們對未來的信心，因為它讓我們想起奉獻出無比生命力的過去、對明日生命總是寄予無比希望的過去。回憶是個寶藏，裡面有警告和信任，有提高生產的痛楚和珍貴的鞭策。回憶並不是光用過去將我們淹沒，更激勵我們向未來邁進。

懷舊則完全是另一碼子事。懷舊不僅僅是重新回想過去。懷舊是沉湎在過去裡。懷舊陷住我們，讓我們一腳踩著現在，一腳踩著昨天。不過，懷舊的愁緒不是老年之境的山川地理。可能性才是。

人生的每個階段都很有意思，只要我們容許自己去探索所有的樂趣。其中，老年是最有意思的階段。現在，我們塑造自己的命運，製造自己的樂趣，監護自己的個性。我們現在所說、所做、所成，完全要自己負責。把這一切都監禁在過去之中，一個自我成長尚未成熟的過去，一個周遭環境遠非自己所能掌控的過去，那麼就太小看人生最甘美的時段了。

懷舊是個危險的誘惑，它使我們誤以為對部分人生之愛就是對全部人生之愛。它以幻想的過去取代當前的樂趣。

懷舊不是記憶。懷舊是渴望、思念、盼望擁有我們曾經有過的好事情，然而後者跟此時此地全不搭軋兒。

懷舊的潛在誘惑是，使人忍不住想躲入不再存在的世界，而不去以良好的心態和勇敢的信念面對迫在眉睫的現實問題。懷舊只是過去的一張快照，經過編輯修改以順己意。我們記得乘坐老船的日子，卻很順勢的忘了清洗、搬運、划船的麻煩。我們記得那條愛犬，卻忘了吠叫、跳躍，以及沙發受到的損傷。除非我們能應付生活中每個層面的雙面性，要不然就會利用記憶去逃避眼前的現實，也逃避過去的現實。

這是老年期一個魅惑人的危險試探——回到虛假的過去。對那些疲於生活、疲於適應、疲於追趕生命的人來說，這是很容易墜入的陷阱。結果很諷刺，懷舊傾向於誇大曾經有過的生活，而毀掉現有的生活。它影響我們現在看待生命的方式；它塑造我們談論的內容；它使我們有趣了一會兒，也許，我們說的故事頗為引人入勝——不過，接著卻使我們無趣極了。大家很快就厭倦了絮絮叨叨的獨白，故事不斷重複，講的是另一個時代。他們指望從上一輩得到的不是懷舊；而是指望從我們這裡得到智慧，得到勇氣，得到證明，證明所有形式的生命都有可能、都無限美妙。

懷舊的包袱是，它把我們帶離現在，放進動彈不得的過去，讓我們深陷其中。

懷舊的福賜是，它可以提醒我們，正如我們已經活過的生命曾讓自己在其中成長、歡笑、學習那樣，我們也能以相同優雅的風度，以相同深邃的眼光活過當前的歲月——而且這一回，還能跟他人分享我們的無畏精神。

靈性

榮格學派心理學家史考特麥斯威爾（Florida Scott-Maxwell）在她八十多歲時的日記《我的壽數幾何》（*The Measure of My Days*）裡寫道：「高齡對我是個謎，我本來以為這段時間會是水波不興。我的七十幾歲很有趣，而且還算寧靜，可是八十幾歲卻充滿熱情。我活得愈老，力道愈強。」

有何不可？隨著歲月流逝，我們對事物之意義或缺乏意義，覺察得更清楚，必然也會對生命的起伏變得更敏感，而非更魯鈍。我們逐漸老去，但是並不忽視生命，而是在不同的層面，從不同的出發點，以更專注的心跟生命打交道。

隨著時間流逝，隨著春去秋來的更迭日益減少，若說我們學到了任何教訓，就是人生有些事情永遠無法彌補。當我們入土時，帶進墳墓的可能會是許多尚未解決的個人憂慮和人生目標。每過一年，這一點就變得愈來愈清楚。有些家庭裂痕還未癒合，有些在急切與火爆中出口的傷人話還未能撫平，有些友誼還不曾重新恢復，有些夢永遠不會實現。那麼，生命被浪費了嗎？難道一切都是無謂？

除非我們誤解了人生最後階段的意義，要不然答案為否。生命到了這個時刻，並非用來強化我們的無能，而是要放我們自由，讓我們得以再成熟一點。

然而，希望所有的斷裂最終都能修復，頂多是個不切實際的願望。很多人早就消失了，失去聯絡的時間甚至更久。在這麼遲的階段，重新對話已無可能，更別提彌補裂縫或治癒還在作痛的傷口。

很多我們仍然覺得自己需要負起責任的事，甚至覺得愧疚的事，現在已經無法挽回——儘管我們希望挽回。我們失敗的婚姻難以破鏡重圓。我們勾銷不了自己多年的忽視，一輩子的冷淡，從頭到尾都沒顧念那些自己理應關心的人。現在我們已經無從改變自己跟子女的一生缺乏聯繫，和母親的緊張關係，與父親的距離，多少年前自己的那些嫉妒、大發脾氣、無謂的反感，然而它們依然喚起我們所有的自我防禦。那個時辰，那些情景，已轉瞬即逝，逸出了我們的手掌心，超乎我們的控制。

不過，在我們內裡，傷痕依舊生疼。我們受到了傷害，也傷害了人。我們犯了錯，我們的錯誤把事情弄得一團糟。而就我們所知，現在或從前都不存在任何方法可以重收覆水。那麼怎麼辦？

假使我們不能直接對付生命中所有那些尚未結束的掙扎，那麼面對生命的終點又怎麼可能有任何寧靜？

實情是，多年來累積的這些騷動不安，反而是為我們的結局、為最後的歲月、為生命的頂點所保留的恩典。我們意識到的委屈不平，唯有如今，才能在我們身上真正起作用；唯有如今，痛苦才能產生正面的效應。怎麼說？因為，現在我們必須完全依靠自己來解決，再也沒有任何人能原諒我們，再也沒有人會說我們當時是對的，再也沒有人向我們的堅持投降，再也不剩任何人能讓我們拒絕來往。相反的，一切都活在我們心裡。如今我們必須一直往裡走，要在自己內在的最深處感到平安。重要的不是跟舊日的仇敵盡釋前嫌，而是跟自己、跟多年來不肯相容的良心握手言和。

我們一生中，誰對誰做了什麼，原因何在，後果如何，遠非生命的真正要事。相反的，現在必須弄清楚，這一切使我們變成什麼人。我們是否變為一個更圓滿的人——還是宣稱自己一生清白，卻不顧內在的靈魂之聲一直指責自己其實罪孽深重？

在這個生命階段裡，我們必須開始向自己的內心和靈魂（而非從外界）尋找問題的答案、解決的辦法。這個階段是面對自己、帶領自己走入光明的時候。

這是性靈反省、精神再生的生命階段。現在我們應該自問：這麼多年來我們一直在變成什麼樣的人？我們喜歡那個人嗎？我們由於人生這些經歷而變得更誠實、更正直、更關心人、更仁慈嗎？如果不然，現在我們必須怎麼做才好？

不管當初是什麼原因造成生命中的那些裂痕，我們自己也是原因的一部分。那個一味要求別人、自憐自愛、被寵壞了的小孩，豈不還殘留在我們身上？我們現在願意去清除那些渣滓了嗎？

當肉體開始空虛，當我們開始融進大化，能不能放下心中的這些事情，這些擋在我們和天地萬物之間已經擋了一輩子的障礙？

我們能不能直視自己的靈魂，承認自己是什麼人？如果我們一直是自私的，那麼我們能否使自己開始每天有紀律的去照顧他人的需要？如果我們一直對自己撒謊，那麼現在能否特別注意去說出真正的自己？如果我們一直不信神，那麼能不能相信造物主既然創造了萬物，因此也必然是我們靈魂的歸屬？我們能否向賦予我們一切的那唯一的永恆生命臣服？

我們能否開始只視自己為宇宙的一部分，一小塊碎片，而非宇宙的中心？我們能否安心接受暑熱和暴雨，痛苦和限制，生活中的不便和不適，而不因為人的日常所迫所需而消極的懲罰整個人類？

我們能不能微笑的面對那些自己多年不曾微笑面對的事物？我們能不能付出自己給需要我們的人？我們能不能說出自己的真心話，而不擔心對錯，並且接受生命中誰都意料不到的事情——而不需要所有人來給我們超出應有分際的安慰保護？我們能不能像樣的跟人說話，而且讓別人也對我們說話？

人家說，老人愈老愈難相處。錯了，大錯特錯。老人只是對於繼續戴著一副面具變得不太感興趣，只是更願意付出成為人、成為人類所需的努力。他們不再假裝。他們直面以下的事實：現在這個階段，這個衰老的階段，是我們得到的最後一個時機，可以讓自己超越多年來的自我設限，超越那些個雞毛蒜皮的自己。不過，首先，我們必須面對雞毛蒜皮之小，欣喜於還有剩下的時間能將自己變得甘美，而非更酸更苦。

這段歲月的包袱是，向極端的自私俯首稱臣的危險。

這段歲月的福賜是，有機會去面對心中始終在奴役自己的那一切，而能放靈魂自由，飛離這些年來一直將它綁在地球上的那一切。

寂寞

拜倫寫道：「隨伺年齡的大患是什麼？印下額頭皺紋的是什麼？親眼目睹親愛的人兒，在除名生命簿上一個接一個，如今獨守地球就只剩我。」

老化歷程的一個主要特點是，我們跟其他人被隔開來。年紀愈大，世上其他人在自己眼裡就愈年輕，而我們愈感覺自己現在處於一個人煙罕至的時空。隨著身邊的家族大老紛紛消失，隨著朋友們一個個逝去，我們開始察覺自己愈來愈孤單。那些知道我們是什麼人、到過什麼地方、關心生命的哪些事物的人，如今更少了。其他人過的生活非常不同，他們不懂我們所失去的東西。

高齡是悲歌中最悲之歌，其衝擊在不少方面比死亡更大。死了，人家還記得你。年紀大了，卻很可能感到被人遺忘，甚至連生活本身似乎都離你而去。

「奧圖爺爺，」小孩大聲的說，「你現在是全家最老的了。」房間似乎一剎那安靜了。一種讓人不安的意識正籠罩著大家。顯然大衛道出了大家說不出口的心裡話。

大衛九歲。大家說不出口的那句話，對他毫無意義。奧圖爺爺九十歲，他深知假使大家都按次序死亡，那麼最老的人很可能就是下一個會走的人，這句說不出口的話跟奧圖性命交關。這次家庭聚會很可能就是他的最後一次。畢竟，現在正是聖誕節期間，家人都非常明白，安妮阿姨上個聖誕節的時候正是九十歲，而今天她已經不在場了。

奧圖一動不動，坐姿筆挺，穿著得體，頭腦清晰——甚至可說還很英俊。他個子不大，可是瘦削有力，眼睛有神，背脊直挺，步伐平穩。他不像「九十歲」；他是奧圖爺爺。如果大家想知道九十歲是什麼滋味，可不會從他那兒得到消息。

這點很有道理。這個問題絕對不是奧圖爺爺的問題。其實，一旦我們發現自己在每一個與會場合裡，幾乎都是最老的人，這就成了我們每個人的問題。是我們才得每天回答自己：「你是什麼感覺？這麼老還待在一個年輕人的世界？」

隨著我們年華老去，寂寞開始滲入。這種寂寞拉開了我們的來處和去處之間的距離。我們開始愈來愈不在這裡，而愈來愈在……哪裡？對於「哪裡」，我們開始想得愈來愈多。

一方面，即使在人群中，我們也覺得寂寞，因為沒有多少人（要是有任何人的話）可以交換人生此刻的新感受。另一方面，連對我們自己而言，這一刻都缺乏真實感。是的是的，年齡不過是個數字。只不過，它並非如此。

發生在我們身上的事情，使數字開始變得真實。我們逐漸察覺，生命溜過指縫，像是上等的橄欖油，滑而持續，滑而規律，滑而不可避免。

這時我們開始覺得寂寞，並非因為遭到孤立或忽視，只因為我們現在充滿了生命——個人的生命，我們再也不去活那種眾人的生命。我們已經明白，自己的生命跟他人的很不一樣。

我們懷念中年時期忙忙碌碌帶來的那種重要感。至少，在意識到純做自己

（而非自己做了什麼）所帶來的那種新的重要感之前，我們還在懷念。在那一刻來到之前，我們似乎總覺得彼此說話的聲音都隔在一層厚膜之外：我們再也聽不清他們在說什麼。這點很嚇人。而身邊的人——我們認識很久的人，也不知道我們在說什麼。我們不會告訴他們自己的恐懼或痛苦，這些感受來自於在我們自己的世界裡發現了自我，因此說什麼他們都不可能理解，更不可能會感興趣。

我們懷念日常社交給予的刺激，不管是來自上班、去店裡、買東西、進教室、看醫生，還是來自做為一個團隊、群眾、生日派對、社區烤肉活動中的一份子。即使到處都有人，這些人並不是我們以前真正相處過的人，我們並不真的認識其中任何一人。臉孔或許認得，或許說過話，可是我們並不真的認識他們，沒有對自己生命中長期友伴那樣的認識。

我們懷念心智的刺激，自我的成就感，以及來自於日常麻煩的一種被需要的感覺。我們懷念自己曾經屬於工作、計畫、目標，屬於只有自己知道的一些偉大輝煌的成就。

我們懷念有個地方可以填滿。

以前，老人一輩子都留在家人之中。曾經，不到做不動的時候，沒有人會退休——甚至，更可能的情況是，沒退休這回事。在那樣的時代，我們是人，不是退休日期。

是的。的確如此。可是在另一方面，那個時候沒有電視讓老人保持消息靈通。沒有網際網路使他們跟遍布各地的家人和朋友維持聯繫。一旦不工作了，就沒有任何方法可以加入比從前的工作目標更大、眼界更高的活動。而現在，大家到處在找願意花時間去做社會真正所需工作的人。他們在找為了值得做（而非薪水高）的工作而投身的那些人。

於是我們發現，如果我們感到寂寞，也許是因為沒有放眼四周，看看誰需要自己。

被需要——真正被需要——的人，永遠不會寂寞，永遠不會孤立，永遠不會沒有人生的目的。我們唯一需要做的就是起身出門做事。世界正敞開雙臂在等待我們。

這段歲月的包袱是，我們可能會躲起來，傷悼自己的年紀、自己生命的變化、自己失去的一切。

這段歲月的福賜是，我們可以使自己向正在等待我們的世界完全敞開，就在此刻，就在此地。

原諒

作家霍姆斯（Oliver Wendell Holmes）寫道：「年輕人知道規則，老年人知道例外。」

隨年齡而生的心軟，其實並非來自美德，而是來自經驗。到了七十歲，我們不但曉得沒有完美的人，還曉得不可能有完美的人。我們不可能，他們不可能，誰都不可能。事實上，隨著歲月流轉，我們學到人生只不過是一連串的例外，需要予以考慮、調解、釐清。我們的標準，也只是標準而已，它們並不是絕對價值。任何人想使標準絕對化，馬上會被自己的食古不化絆個四腳朝天。

我們現在之所以可能理解這些事情，是來自於對自己的理解，來自於覺知自己的失敗，自己的錯誤，自己力求完美的大欲，還有，不論從事什麼工作，自己對寬恕赦免的徹底需要。我們現在了解這點，也了解許多其他方面，它們全都需要我們以更仁慈、更有愛心、更加柔軟的態度去考慮。問題是，一旦我們知道了一件事，就永遠不能不知道它。它要求我們必須具備一種新的誠實。真理沉重的壓在我們的肩上。

年齡是條貨真價實的礦坑通道，通往種種得之不易的真理。婚姻並不總是「從此幸福快樂」——我們會發現。青年並非「無憂無慮」——不管那是誰說的。政府不見得永遠值得我們「效忠」，而宗教也一樣會「犯罪」。可是，最具說服力的或許是我們覺察到：人曾負我而我亦曾負人。需要我們去原諒的人事物，多得很；我們需要被原諒的——如果不被別人，至少要得到自己原諒——也多得很。丁尼生（Alfred Lord Tennyson）這麼說：

兩個老人一輩子為敵
墳邊相遇時抱頭哭泣

淚水洗盡昔日爭端的回憶
卻為失去的歲月再度垂涕

我們所做或別人對我們所做的，還不算什麼，往往更大的禍端起於其後我們的反應。例如，家人間的嫌隙延續數代，時間遠遠超過任何人記得（假如還有人知道起因的話）當初裂痕究竟是怎麼開始或為什麼開始。比家庭勃谿更糟的是破裂的友誼，以及雙方因此失去的時間，因為朋友跟家人不同，並沒有自然的交集點能將兩人重新會合到一起，不管雙方想不想見面。

往往在事情發生的當兒，年紀輕輕而滿腹完美主義毒液的我們，要求自己必須得到分內應得的東西。當事情不如己意，我們氣沖沖的衝出去，義憤填膺，覺得自己壯烈成仁。寧為受害者，不為失敗者。我們被侮辱了。有人不遵守我們所服膺的不成文的人生法則。有人刮破了我們的完美主義表皮，使我們失去保護、遭到遺棄、變得遙遠而冷漠而消失。有時候，對方知道這回事，也知道原因；有時候，對方一無所知。我們自己走人，還一心等著永遠不會出現的彌補。

然後，歲月走過。關係愈重要的話，恩怨的記憶就愈分明。回憶——回憶的痛苦——不但不會磨損，反而一年比一年強烈。傷口在滴血，隨著時間而蓄膿，是心上的疤痕，是腹中的硫酸。而時間不斷走過。

唯有原諒能止住心中這樣的痛苦。光是對方的抱歉是辦不到的。這樣的痛苦，多少年來緊緊揪住胸口，隨時舔舐呵護，經過時間的哺育和歲月的拋光，如今只有受傷者能夠使它平復，而傷人者無能為力，因為是受傷者自己一直在維護支持它。

現在冷硬已定居我的心中，遠比刺傷我的那個人的冷硬心腸更加冷硬。這是我的冷硬，是屬於我的冷硬，是我養育的冷硬。而我為它所受的罪，遠遠超過我覺得該為傷勢負責的那個人所受的罪。

這就是人際關係的未了事。問題是，為什麼如此陳舊的傷口，到了現在我年紀這麼大了，反而比剛發生的時候還痛？或者，換個角度來問，為什麼對它我現在比多年以前更敏感？答案顯而易見。因為我老了；因為現在我感到了時間的倉促；因為現在我了解了自己的愚昧；因為我明白了這件事在我跟我所愛的人之間造成了多大的隔閡，而後者對心靈的傷害遠遠超過當初那件傷心事所能及；因為我終於在時間的教導下學到，規則對人生的重要性趕不上例外；因為現在我應該視例外比報復更有價值。

報復從來不能解決任何問題。它只能平衡秤錘。報復不能將正義公理的需要轉化為愛的膏油。它不能交回給自己一個或許謙卑了一點的我，一個更加像人的我。唯有原諒才能辦到。

唯有原諒才是老年的治療方案，它讓恩怨一筆勾銷，它在擁抱中使人痊癒。原諒的無私度量是個神話。原諒其實對原諒者比被原諒者更重要。

怨氣，一旦沉入靈魂的底層，就扭曲了未來歲月的平衡。它總是在那兒，摩擦、深掘、嚙齧、燒灼我們的心。當然，我們會對某些事情微笑，可是那朵微笑更像是裝出來的，而不像真心的。我們不是真的開放，不是真的愛護人，不是真的快樂。而時間的終局卻愈來愈近。

唯有自己才能將自己從陳怨舊恨仍在施加的重壓下解放出來。唯有自己才能開始尋找理由，將當年的冒犯看作可以原諒的一次例外，而非永劫不復的惡毒。

難道我們還記得清楚當時發生的究竟是怎麼一回事？我們真的確定它是我們年復一年所描述的一次故意行為？難道沒有理由能解釋它、減輕它、使它能被諒解？詩人考納姬（Mary Lou Kownacki）寫道，「要是我們一旦知道了背後的故事，還有任何人是我們愛不了的嗎？」

難道浪費在這個丁點大的芝麻小事上的時間還不夠多？難道我們希望這樣的事情繼續壓在心頭，就這樣度過我們最好的時光，最後的日子？難道我們引導自己來到的人生終點就這麼委頓不堪？既然我們已知生命本來是多麼美好，難道我們還希望這件事把自己跟生命隔開？

原諒使生命復原。它證明我們學到了東西，它顯示我們的內在療癒，它標出我們的自我認識。它是測量我們神性的尺度。

老年告訴我們，我們自己經常犯錯，從來沒有真正完全做對任何一件事，從來沒有真的達到完美——而且，這完全不是問題。我們就是我們——而其他人又何嘗不是。我們只有原諒他人，才能替自己取得權利去原諒自己沒有達到本身的期望。

這段歲月的包袱在於，我們容許自己冒著被往日掙扎所窒息的危險。

這段歲月的福賜在於，我們有能力去了解：生命不必是完美的才算完美；只需要原諒人——並得到原諒。

伸出援手

拉侯希夫寇寫道：「沒有多少人懂得怎麼老。」

誠然，老需要不少學習。年輕在這個社會裡如魚得水。年輕擁有魔戒、聖杯的磁吸力。年輕就是這個世界的一切。幾乎沒有一個廣告不稱許年輕：藥物承諾年輕，健身房保證年輕。我們不得不信，生命的真正定義就是年輕。從某一個角度看，也確實如此。

然而，年輕社會的本質，基於其速度、喧囂與能量，基於其推力、動能與肯定性，而非基於其所帶來的希望，反而往往同時成為一種孤立的勁道。其他每個人都年輕，就我不年輕。那麼，在推力、動能似乎不再是我的生命不老之泉的時候，我還剩什麼？

在一切朝著年輕走的文化裡，年齡是可以令人十分沮喪。他們說，在好萊塢，劇本作者超過三十歲就前途黯淡。製作人很擔心三十多歲的這群人儘管才高八斗，可是已經落伍，沒法跟更年輕的群眾對話。而後者萬不能缺，因為低齡觀眾群是社會中經濟成長最大的一塊。廣告業者知道那有多重要，而我們也被迫知道——該年齡層正在驅動我們的社會。

這種想法令人窒息。

先製造兒童的需求，然後去滿足那些需求——這樣建築起來的文化，對未來的世代不是個好兆頭。它使老一輩的人必須聽憑一個跟自己所需完全脫節的社會擺布。更糟的是，這很可能在一般社會中製造一種電玩遊戲的心態——快要比慢好，年輕要比年老好，而暴力便是解決所有事情的現成答案。電玩遊戲裡的受害者不會流血，不會痛，他們只會在半空中炸碎。管他什麼緩慢而思考深入的解決手段；管他什麼有賴時間的知識累積；管他什麼理智和教育、年紀和智慧，暴力能解決的就用暴力。

這種文化和環境正在無聲而逐步的將老年人口孤立到一個與世隔絕的島嶼上，一個基本上隱形的島嶼，一個非常缺乏養料的島嶼。而偏愛談話、思考、分析的老人本身呢，就像遊戲螢幕上的數位化靶標，乾脆從生產量表上消失。比方，在一百五十個有線電視頻道裡，只有少數幾台在播放古典音樂、書籍討論、國家議題辯論，或是舞台劇和藝術節目。一個社會要鑑別今年的政治、社會、經濟議題之優劣，必得仰賴千年以上相關論述與思想，而那一切提供反思的材料都被擠出了節目表。

對於這樣的文化枯竭，沒人會比日益成長的老人人口有更深切的體會。年齡歧視的衝擊與普遍，他們雖然不講，卻身受孤立之害。我們社會裡的單人家庭，從一九七〇年的十七％，成長至二〇〇〇年的二十六％。全由老年人組成的村落開始湧現，他們被隔離在周遭的人口之外。因此很不幸的，當他們此刻對生命所知比以往都多的時候，卻失去了聯絡，失去了精力，失去了尊重。

更糟的是，發生在孤獨老人身上的悲劇，如今出現在世界各地——澳洲、法國、德國、美國。有的住在老人公寓裡，有的還住在自己的房子裡，有的住在平價住宅裡，有的則住在價昂的共度公寓（condo）裡。雖然這些老人來自社會各個階層與角落，來自各個不同的城市，來自各式各樣人多而熱鬧的社區，可是，他們的故事有一個共同的結尾：他們都孤單的死去，要幾天、幾星期、甚至幾個月以後，才被發現。

原因則不一而足，從缺乏市政服務到需要電子監看輔助器材，從家人粗心到缺少鄰里精神都有。大家問道，怎麼可能有人死亡，而居然沒有一個人透過種種可能的途徑注意到、感到關心、指出他們不在了？誠然，大城市可能是世界上最泯滅個人、最為隱匿的地點。我們每個人都可能這樣死亡。

在一個動態的社會裡，一家人分布全國各地，再也沒有人會不時來探望一下祖母。如今大家都在各種不同的地點上班，更傾向於和同事來往，而不和鄰居來往。如今社交圈是在鄰里之外形成的——在保齡球館或公司活動，在公民團體或私人俱樂部，在教區活動或特殊興趣團體。我們不知道同一棟建築物裡有什麼人，更別提住同一個街區的是誰。

毫無疑問，城市生活不是按照鄉村或小城社區的模式而運作的。我們是一群陌生人，都想在過分擁擠的地帶找到單獨空間，成為個人，擁有私密。

在當今時代，我們絕大部分時候都以創造心理距離的方式，在沒有實質空間的地方取得個人的私密性。我們在電梯裡不交談；我們再也不坐在門廊上；我們不會在晚上走過街道，對每一家人致意；我們不知道藥劑師、郵差、銀行職員叫什麼名字——他們也不知道我們的名字。很明顯，全世界都得重新學習怎樣跟隔壁鄰居打交道——要是我們還想屬於一個真正的社區，再度變成一個文明的世界。否則，在無人發現的情況下去世，也就不足為怪了。

然而問題的一部分也在於，往往我們年紀愈大，自己就愈不跟身邊的世界保持聯繫。我們不打電話給人，不寫信給人，不跟人來往。就好像人生沒有我們的位置，沒有人需要我們，沒有人很想接聽我們的電話（跟我們想接聽他們的電話一樣心切）。

因此，當我們哀嘆隨著年紀變大而經常出現孤立情況的時候，還有另外一個現實需要納入等式——那就是我們自己。其實，我們如果不孤立自己，就不會孤立。伸出援手，跟年事增高不能分開。我們需要出門去見世界，而非等著世界來找自己。

譬如，海倫跟赫曼退休時，大廳裡人多到容納不下。很明顯，這對夫妻一點也不孤立。他們早就過了八十歲，可是城裡沒有人不認得他們，當地每個團體都追著找他們。多年來，海倫跟赫曼兩人一直全權負責星期一的免費晚餐發放。她負責煮東西，組織義工，舀菜打湯，叫著排隊領餐的每個人名字跟他們寒暄。然後，等到晚餐時間結束，赫曼負責打掃清洗，關燈關門。海倫有癌症，腿不好，還得了一連串的慢性病。可是這些都沒能阻撓她去做這件事，直到她在家人的壓力之下屈服以後，週一的時段才交給別人負責。

當你年老，要怎麼樣才能像海倫跟赫曼一樣受人敬愛？

為什麼有些高齡的人可以馬上適應而且接手——有些卻孤單的死去，幾個月都沒被人想起？

創生（generativity）——應世上他人之需而付出自己的行為——是老年無上重要的功能。例如，在韋蘭特（George Vaillant）所主持的「哈佛成人發展研究」

中，哈佛畢業男性、貧民窟男性、哈佛畢業女性這三個社會階層，一致表現出幸福老年的關鍵因素不是金錢、教育、家庭，而是隨著人生的腳步不斷擴大自己的社會交往圈。

事實上，公眾事務的重要層面絕大部分都要仰賴老年人的志願服務。他們照顧別的老人，替忙不過來的年輕父母看顧幼兒；他們烹調餐點並且「送餐到府」，讓許多上年紀的人可以繼續住在自己家裡；他們準備公共事務的海報以及各級選舉的投票單；他們在圖書館、博物館、醫院、公園當義工；他們做以前教書時做不了的研究，寫以前工作時沒空計劃的書；他們成立討論會、讀書會、學習會，所有那些使世界運轉的社交活動。

「如果你想知道你這一生的工作做完沒有，而你還活著，」有位蘇菲（Sufi）大師說，「那就還沒完。」

他們是世間的付出者，隨著付出而來的是寬廣的聯繫網，朋友網，以及依靠他們、需要他們、向他們尋求答案的大眾網。

或許，最最重要的一點是，老年期是我們唯一可能對整個世界具有如此重大功用的時期，因為這是人生中我們自己首次有足夠的自由去思考比自我更大的世界。現在我們準備好伸展自己、超越自己，為的是在我們身後將接手世界的所有其他人。

這段歲月的包袱在於，只因為自己不再擔任年輕時的角色和職位，就自認一無用處。

這段歲月的福賜在於，可以伸出援手，以多年來頭腦與心靈的成長在這一生所累積的一切，去為他人做力所能及的事務。

當下

作家桑塔耶那（George Santayana）說：「沒有任何東西在本質上就年輕，頑強的年輕，除了精神，而精神進入一個人的最好時機，可能是在安靜的老年；比起冒險行動帶來的騷亂，它更能在那兒不受干擾的壯大。」

當長年以來的工作與家庭的日常慣例告終，生活型態上最明顯的一個變化就是，我們每一天的性質不同了。現在，生活有另一種步調，而且不見得完全讓人舒服。要不了多久，我們就開始被自己原以為會是老年最快意的一件事搞得很痛苦——投閒置散帶來的恣性任意而無事不可做的感受。問題在於，儘管無事不可做，我們偏偏不知道沒事「可做」的時候要做什麼。

我們這一生幾乎全按嚴謹規則的日程表在過日子，後果之一是，易於喪失玩耍的勁頭。我們不但身體老了，連精神也有點發霉。不管自己知不知道，多年下來，生命中已經少了些事事可能、恣性任意的感覺。更重要的是，玩耍的感覺多年來大體上遭到忽視，以至於這個真正能維持自己年輕的質素，已喪失了電擊般的刺激，甚至可能要花上一段時間才能重新找回。可是，我們必得找回來——假使我們有意讓老年在自我之內自由馳騁的話。

年紀本是用來復甦精神的。年紀本是要我們玩耍的——跟觀念、計畫、朋友、生命玩耍。

因為變老而得到的一個好禮物是，時間變得更有意義。現在，時間成為旅途中的伴侶。我們總能覺察它的存在，像是一陣冷霧，一道暖陽，在我們頭上逡巡不去，召喚我們去看「即刻」的力量。

一旦歲月向老年接近，我們就不再漫不經心的度過每一刻。如今，每一刻都得到品嘗。它的一切都被抽取、壓榨，然後細細吸吮。「當下」從來不曾有過這麼多辛香調味料。日子的滋味從來不曾這麼美妙，這麼痛苦，這麼放任，這麼憂愁，這麼完全的萃取了每一分鐘——這一切都發生於我們開始計算自己可能還剩多少日子以後。我們的精神從來不曾活得這麼旺盛。

事實上，再也沒有時間可以浪費。「現在」再也不是通往下一刻的一刻。它是生命所有的一切。

當我們學會以這樣的熱情、以這樣純潔無瑕的官能沉浸在此刻之中，我們才終於學會了活。

生命的一切其他部分，都是為了進入這個時刻而存在。所有其他的一切，都只是這個時刻的演練，僅僅是活出全副生命的一個手勢。

唯有在當下，我們才學會活，而當下，才是老年的重心。我們現在活在這裡，就在這裡——啊，而且我們是多麼刻意的這樣活著。

在此之前，我們沒看見、從未真正看見的東西——我們擁有而且拿在手上看了一輩子的東西——驟然之間，幾乎是第一次，耀眼的現身當下。我們開始看到，當自己對嬰兒微笑，他們是怎麼回我們一個微笑的。我們開始好奇，平靜的海洋為什麼會有海水不斷的拍擊沙灘。我們領悟到，親愛的人眼中流露的痛苦，必須即刻解決，再晚就無法止住。

「當下」覓得途徑來到我們的靈魂正中央，這是從來沒有過的事。

隨著時間流逝，體會卻益發敏銳。我們逐漸認識到，隨著年紀而出現的對於當下的高度覺知，使得體會的能力全然綻放。我們開始聞到以前從來不曾注意的氣味，因為以前忙於信件、工具、購物，或是記掛著待洗的一籃衣物。現在，我們可以很容易坐在麵包店外，只為了聞聞新出爐的麵包香。當然，往事也會循著氣味而來，不過，隨之而來的還有當下的可愛感。生命並未全然棄我們而去。事實上，我們這一生在此之前，說不定從不曾領悟到如此眾多的真實生命。

不過，當下不止於體會。它是一種迫切，能驅策自己去做比自己以為一天能做的還多的事情。我們開始明白，大多數人一整天站在車床前面，或者伏案工作，或者追著孩子跑，或者在車陣裡衝鋒，或者盯著鐘面的指針。我們可不然。老青年不然，老壯年亦不然。我們去這裡去那裡，是因為想去，是因為喜歡在那裡，是因為能在那兒是上蒼賜與的禮物，是個恩典，不是苦差事，不是無聊事，不是浪費時間的事。我們走過時間，留下自己的印記，為的是將來的時代。

我們對於前人所留下的印記，也有了不同的體會。我們想知道，公園裡那條老長椅是誰製作的。我們在心中感謝把石塊背來的人、在石塊上刻寫的人、用水泥穩穩安置好石塊以免傾倒傷人的人。有了他們，石塊才能繼續矗立多年。

誠然，我們對自己說，沒人無所為而活。可是，自己在此刻之前從未想過，我們了解這點的同時也感到一陣痛楚。啊，歲月啊……

當下，向來是個旋轉門，帶著我們不停的從一件事轉到另一件事，而現在這個旋轉門卻正是讓我們慢下來的原因。它卡住了我們的腳步，因為我們已經明白（也許已經充分明白）自己有一個過去——一個停止延續的生命期，一個我們本來以為永遠不會變、不會消失的時期。而且，如果把真相說出來的話，當下的力量就在於使我們覺察沒有太多的未來了。十年？希望如此。五年？想必是。明天？上帝保佑。

因此，「當下」不斷的在提醒我們注意習而不見之事。我們可能不會再走這條路。這趟旅行後，將來還有幾次旅行？可是又有誰在乎。這次已經玩得太好了。這趟已經太美了。還有幾趟，真的重要嗎？一個人必須重複任何事的唯一理由，只是希望終於能夠得到一次全方位的體驗。

老年的當下，領頭進入當下的老年，為我們揭起意義一直藏身於後的面紗。人生所有的事情都有意義——只要我們開始張望，開始體驗，開始尋找。只要我們真正進入了淋漓盡致的當下。那麼，我們就不會再視生命為理所當然。

生命是現在。唯有現在。然而我們之中有誰曾經停步去注意？在我們以往的一切歲月裡，我們做了自己所做之事，只因為後者是當時的人生任務。可是，現在的人生任務很單純，就是生命。至今我們還不曾活出的生命，仍然在等待我們。在每一個時刻的背後，生命的精神，生命之主，都在等待。我們做的每件小事，本意都是要帶領我們進入它的實質。神祕主義者諾里奇的茱莉安（**Julian of Norwich**）手持一顆橡實說道，「這裡面，有一切所曾有。」她說的完全沒錯。在那一個生命的微小萌發之中，含有全世界一切生命的所有元素。就在此刻，就在生命的現在，即含有我們的過去與未來的一切。而它正在呼喚我們，就是現在，去成為它，成為圓滿的它，甚至超過它。

「當下」帶著我們進入自己的最核心，向我們發問，這一向你都去了哪裡了？你怎麼錯過了這個，忘了那個，忽視了始終在這一刻背後的東西？當你匆匆忙忙趕去上班時，你了解工作是在共同創造世界嗎？當你做愛時，你明白愛是對生命的神聖所感到的至悅至喜嗎？當你受傷、遭到拒斥、被排擠在外時，你知道不被某人的圈子接納只不過是引你去領悟自身的價值與力量嗎？

「當下」是老年的朋友而非敵人。它以生命的洪流淹沒我們，以鹽水浸透我們。它給我們時間、空間以便領悟，沒有過去就絕不可能活出美好的當下。

當下的包袱是，它使我們跟時間的迅急消逝面對面。

當下的福賜是，它使我們領悟時間的迅急消逝，而以盛開的精神去活。

體悟

博物學家巴勒斯（John Burroughs）寫道：「葉子老得多麼美，它們最後的日子充滿了多少光、多少顏色。」

當生命只剩下好好生活，此外沒有多少事情可做，這時生命本身就更加珍貴，生命的多種層次之美就更加醒目。沙灘上的貝殼，成為值得收藏的工藝品。旱日的風，成為天地不仁的洞察之機。旁人的一個微笑，把我們和全人類繫起。問題可能只在，我們竟然費了這麼久的時光，才開始對普通事物的力量感到驚愕。我們張開了眼睛，不過才剛不久；我們對周圍世界打開了耳朵，不過還只有對一部分；我們聽到生命的交響樂，不過還很微弱。接著，突然間，介於我們與生猛、酸辣、甘甜的生命核心之間的所有障眼物都消失了，它就在那裡，活生生、明晃晃，就在我們眼前。

體悟，就變成了我。只是往往來得很遲。

餐廳裡坐著一群年輕人，每一個都有不同的身體殘障。其中一個年輕女子以指尖觸摸鄰座年輕人的臉——眼窩、嘴唇、鼻子、耳朵——循著他的五官輪廓。然後，她的頭側向一邊，發出充滿快樂的小小笑聲。

「你很美！」她說，「美極了。」

以如此顧惜的手指滑過他人臉部輪廓的這個年輕女子是個盲人。她頭往後仰，你看得到她沒有眼睛，傷疤蓋住眼窩，斜斜的觸及額頭。她完全失明。或許，真正的事實是，她學會看的東西，比我們大部分人看到的更多。或許，她可以看到的東西，以我們的最佳視力和膚淺靈魂再怎麼去看也無法看到。

這個場景會使我們每個人都去想：失去一樣東西卻使人更能意識到它的存在，這究竟是怎麼回事？或許，生命的本能只在我們缺少它的時候，才會自我們內在升起。

或許，這就是變老的一個最大禮物。當我們走路不再像以前那麼快，就開始看見一朵朵的花、人行道上的裂縫、路上的兒童，而且看得更清楚、更刻意，超過以往任何時刻。變老的一個作用彷彿就是賜與我們觀看的能力，好讓我們看見過去這些年來一直錯過的東西。

也許，變老最重要的一個層面，就是引領我們去明白：生命，不能視之為當然而掉以輕心。生命，不能狼吞虎嚥——只能細細品嘗。它必須小口啜飲，一直喝到酒渣為止。

很不幸，在高速向前衝的社會，細品與啜飲不是這個時代的特徵。我們處在通勤時段的交通裡，手指拍打著方向盤。我們甚至把追求信仰也納入了時刻表。短時間拜訪，此處不容許；河畔靜坐冥想，也沒有時間。心靈問題或是哲學問題，無法跟老朋友多談。我們太忙著去生活，以至於停不住腳，沒法好好的生活。

可是，現在這一切都結束了。我失去的每樣東西，限制我的每件事，都是一份邀請，邀我更加深入生命，比目前一直在做的還要深入。當呼吸更困難了一點，我就聞到了空氣——往往是多年來的第一次。當我看到日子即將告罄，自己的每一天就變成一場歷險，一場只有夢想中才可能的歷險。當走在前面的人以令人痛心的固定頻率從我的生活裡消失，我開始更常對身邊的人談些重要的事，以免自己沒有足夠的時間教給他們那些自己從前不曉得的東西。

現在，我開始回顧，這些年來自己在東奔西跑、蒐集、網羅、改變並且沿路隨意拋棄人和事的當兒，究竟忽略了哪些東西？我在回憶中撿起它們。一邊撿，一邊發展出足夠的靈性，終於體悟到所有其他人在我的生命裡占有什麼位置。其中一位，成為我亟需的自我紀律的模範。另一位，教會了我去熱愛工作，使我的生命成為開展創造力的一生，而非單調的長途跋涉。還有一位，我從他那兒得到了對生命的認識，以及如何成熟穩健的生活又不失興高采烈之趣。

當我比較怕冷，夏季的暑熱更為合意。但嚴冬的風和刺骨的雨，仍可以成為朋友而非敵人，只要我舒舒服服的抱著溫暖的毯子和一本書就行。我開始明白，秋天其實是一個承諾，應許我前面會有一個更光明的春天，而不是一個灰色黯淡的人生終點。

當我不能不面對那些失去的歲月時，包袱就在於擔心自己已在昂首疾行時錯過了大部分的生命。

而福賜則在於，我不但開始懂得以全新的方式去體悟過去，也同樣能體悟現在。

信念

法國散文作家拉布律葉（Jean de La Bruyère）說：「我們希望活到老，卻又怕老。我們願意生而害怕死。」

很難弄清楚我們究竟更怕哪一個：死還是老？很可能我們怕兩者的程度一樣，可是因為怕死，所以十分勉強的接受了老。我們希望年輕，其實是因為我們一點也不知道年老可以是多麼美好。我們希望活下去，因為我們不了解死，而內在的精神告訴我們，死是通往新生的產道。不論將有什麼樣的新生。然而，環繞在「新生」之前的那片黑暗，卻使我們的思考和情緒都陷入了僵局。

我們意識到，無論一生多麼稱職——有棟好房子，子女養育得不錯，職位上的影響力不小——那一天終將來臨，終將發現自己面對那一刻時完全無能為力。

更糟的是，我其實不曉得那個時候我需要具備什麼條件。那一刻會是什麼樣子，我一無所知。我只曉得，自己將是一個人，將獨自上路，孤身走完旅程，單挑起此生最大的冒險，沒有看護，沒有同伴，沒有後援。沒有一個人能跟我一起走入這個沒有出口的隧道。這是無條件投降的一刻。

然而，不到盡力吸吮生命的每一分鐘之前；不到為每一次呼吸奮戰過之前絕不投降；不到相信生命此時的精神意義勝過相信此刻本身之前；不到明白了造我、育我成人的上帝還沒對我的成長畢竟全功之前，絕不投降。

我們怕的倒不是什麼最後的審判。沒錯，我們經常犯錯，可是，我們之中多數人，多半時候，都在當時的壓力下盡了全力。沒錯，我們失敗累累，可是我們幾乎不帶惡意。是的，我們不像自己所希望的那樣，從來沒有過靈魂的玷汙，可是我們的努力也是真的。所以，丟開我們對上帝、生命、結局的任何疑問，我們只能確定自己對於那個未知世界不怎麼確定。當然了，我們不能肯定上帝是什麼，可是我們很肯定上帝不會是什麼。

從前我們相信理想。我們經常發現自己不知道在兩個理想中選擇哪一個——要是理想與理想互相拮抗——可是舉例而言，我們依然既相信仁慈也相信正義。既相信法律也相信寬恕，儘管可能比較偏重其中一方。儘管我們想多做一些，想做得更好，而自己的努力卻不及本應有的程度，卻從沒放棄要達到最好境地的嘗試。儘管自己從不具備在所有方面都堅持到底的素質，可是我們不曾懷疑。

直到現在。直到日子開始變少。直到那天我們醒來而心中雪亮，自己身後的日子已經遠比眼前的日子多。

問題在於，我們不確定自己對信念有多少信念。我們正在檢驗它，用的是所知道的唯一方式：懷疑自己有沒有信念。我們想知道，自己的信念夠不夠大。我們奇怪，從前的信念到哪兒去了。從前，當我們年輕。那真的是信念嗎？還是魔法？老在作祟的小小願望，希冀疑問都有明解，是否使任何信念都失效？

這些掙扎含著一個反諷，「不知道」最終正是信念所攸關的一切。

人生的一個目的，必然是帶領我們來到這個點上，從此我們開始相信宇宙，開始看出生命在表面的混亂中所含納的次序——冬季的暴風雪，夏季的熾熱，秋季的死亡。可是，這種敞開胸懷的大信念來得很慢。只有回頭看盡歲月而識得禍事終究轉為好事的人，才能得到。要到最後。

只有當歲月流逝，我們才細琢慢磨的、慢慢騰騰的開始認識，宇宙間有福賜。科技以前，有上帝。

那時候，我們以火煮飯。不只是在尼安德塔人的時代，我們的時代也一樣。我們以鹽漬肉。我們以風以水磨麥。我們開始明白，做為人類這種生物、做為人，我們被賜予了生存所需的一切，自身就可取得那一切。食物是新鮮的，不是真空包裝的。水來自溪流，而非水龍頭。光每天都有，而沒有光時我們睡覺。處於我們與季候節氣之間的這個奇蹟叫作生命，而上帝使得季候節氣規律如日出，恆常如大山。我們開始了解，有一種最根本的善在我們四周，舉起我們，負載我們。

可是，我們才正開始明白自己只領悟了一部分。而今，所有這些領悟汩汩流入靈魂，減輕了我們對於未知終點的黑暗之懼意。

當然，我們一輩子都在練習要有信念，然而信念卻是放在如此倏忽消滅的事物之上。我們信任過倒閉的銀行，撒謊的政府。我們把信念交給褪色的文憑，消失的職位，不能使人滿足的金錢。我們信任自己，而稱之為信念。現在，我們正在學習，隨著自身生命力開始流逝，我們得將信念拿出來放在別處。

現在，我們到了必須鬆開兩手的歲月了，就像一個被垂降到海中的孩子。擁有東西，擁有權力，不再那麼重要。或如六世紀敘利亞哲人費羅克西諾斯所寫：「富人不是財產多的人，而是沒有需求的人。」

這段歲月的包袱是，我們以為一旦自己沒有足夠力量以己意影響周圍的世界，就落入了一個殘酷的世界。

這段歲月的福賜是，我們現在開始信任一個肉眼看不見的、賜與生命的上帝，更甚於自己曾經信任的生命外在裝飾——我們已經見到後者來時沒有保證，走時沒有預警。

遺贈

塞內加寫道：「老人因為年資而擁有權威，而在年齡之外是否有辦法證明自己活了那麼久？」

無名戰士的墳墓、無碑的窮人墓地、太平間無人認領的屍體，都會引起一種令人幾乎無法忍受的悲愁。可是，讓人沉重的不只是無名無姓的去世，也是因為一條生命離開了我們，而我們無法知道他在身後留下了什麼。

不過，遺贈跟一筆遺產，區別很大。

現代社會裡，留下一筆遺產，通常的意思是指定了財產（多數時候是錢）如何分配給繼承人，根據的是稱為遺囑的法律文件所陳述的條件。在一份遺囑中會有自己的名字被提起，這對多數人來講很少發生。

然而，大家總是在說，如今已離世的某人，是如何豐富了自己的生命。所有的死亡——富人窮人，男人女人，有權沒權——都有個共通之處，不是遺囑，不是金錢，而是非物質的遺贈，一種真正的遺產，一種每一個人都有的、因為先行者觸動了自己的生命而獲得的那筆遺贈。

這些遺贈一點都不少見。使我們與過去串起的是它們，使我們與未來串起的也是它們。

大家往往忘了，我們每一個人都會留下遺贈，不管自己想到沒有，或者打算與否。我們的遺贈，就是留在身後的那些人的生命品質。我們曾經是什麼人，將會印入未亡親友的心田，並且保存在那兒很多年。唯一的問題是，我們會不會去好好栽培這個自己留下來的活遺產，一如銀行家、收稅人、律師處理有形遺囑那樣認真仔細？而有形遺囑分配的，不過是股票、債券、壽險合約、存款帳戶罷了，說不定在付完相關規費後就一毛不剩。

我們留在身後的是什麼？這將標誌出我這一生的主軸。

我們留下自己對世界的態度。我們有沒有啟發他人對生命抱著熱愛、對所有一起活過生命的人抱著開放的心胸？這點大家將記得。我們的笑容，我們的愁眉苦臉，我們的歡笑，我們的抱怨，我們的義舉，我們的自私，這些大家將記得。

我們留下自己的價值系統，全世界都看得到，因為它刻畫了我們所做的一切。我們看重人生中哪些事情，人家從未直接發問卻對答案瞭若指掌。他們知道我們關不關愛地球，因為他們親眼見到我們為花床播種——或是看到車庫裡廢物滿溢，直堆到原本可以做為花園的地面。他們知道我們對膚色不同、信仰不同的人有什麼看法，證據來自於我們的言談及我們交往的人。他們知道我們的精神層次，只要看看我們怎麼對待身邊的人、我們對生命怎麼想，以及我們把自己的生命用在哪裡，就一清二楚了。

我們留在身後的是回憶，別人記得我們怎麼對待陌生人，怎麼去愛自己最親近的人，怎麼關心愛自己的人，在困難的時刻怎麼對他們說話，怎麼付出自己以滿足他們的需要。

我們面對生與死，對目標與意義的看法，將留下一個與上帝的關係的榜樣。

我們自己的精神生活，對身邊其他人在精神上的努力，既可提出挑戰，也能提供支持。當他們本身到了迫近真理的那一刻，會跟我們一樣：他們也會尋找許多榜樣，尋找那些能夠不顧前方的不確定性而超越憑空臆想的榜樣。

我們的遺贈遠遠超過財產的價值。我們的遺贈並不在死亡那天結束。我們生命的每一刻都在為它添磚加瓦。遺贈是老化歷程的巔峰，它是這段歲月的主要任務。在人生的這段期間，我們既有眼界也有智慧，能使自己的遺贈按照我們所想的樣子實現。

假使有必要勾銷舊記憶寫下新記憶，不在此時更待何時。

假使我們曾經活得不平衡，消耗與累積過多，而付出、分享和儲蓄過少，那麼在這段歲月裡，我們就可以改變生活方式，以便讓其他人過個好生活。

假使我們為了物質而忽略了精神的發展，現在我們有時間再次思考什麼是活著，什麼是充滿了生命，什麼是熱愛生命的一切，什麼是充滿了上帝？我們的精神飛出舊傷口，超越老的齟齬，克服一切深入肌理的偏見而跟黑色、褐色、黃色、白色皮膚的人交朋友，豐富自己的生命。他們在我們之外，他們的生活跟我們不一樣，他們有很多東西能讓我們學到世上跟自己不同的存在方式。

假使我們有必要重新思考自己一切跟今天周圍世界大相逕庭的那些舊觀念，甚至有必要重新思考對上帝的看法，現在就是將自己交付給生命真正議題的時候。那些議題非關工作或金錢，非關名譽或地位，非關優越或傲慢。

現在是我們應該自問會留下什麼遺贈的時候了。因為有件事很確定：不論我們自己是不是要好好想一想這個問題，我們認得的其他每一個人可都在想。

這段歲月的包袱是，認為個人的精神成長已經不在考慮範圍內，因而留給世界一個未完成的遺贈。

這段歲月的福賜是，有時間將自我之中這些年一直忽略的部分完成，而能留給他人一個將自我發揮到極致的遺贈。

卷後語 薄暮時分

伴我一起老去！
最好的尚待成形——
生命的最後，為了它才有了生命的最初。
我們的時光在神手裡，
祂說：「我設計了整體，
青春只表現二分之一；
信任上帝：見到全部，也不畏懼！」

——勃朗寧

尚恩每天走兩英里路，並且繼續寫稿做研究。比爾每天早上六點去打高爾夫球，然後整天處理不動產事業。迪克和太太維莉每年出國旅行一趟去玩個新地方，每兩次旅行之間，就義務服務社區。翠娃仍然在護理臥床的親人，沒有一天休息。安妮和蘇菲從來不錯過任何一次固定的玩牌聚會。瑪麗・瑪格麗特在監獄從事精神指引的工作。柏妮是醫院牧師，要在走廊上來回走幾個英里，探望病患，安慰不會再次謀面的家屬。茱琳是財務經理，在公司管理動輒幾十萬美元的年度會計收入。

這群人頗不簡單。他們使得世界運轉。他們是家庭的重心，他們為自己的世代發聲，他們在群體記憶中總是主角。然而最棒的一點是，他們沒有一個是罕見的人。這樣的人所在多有。每天都有數以百萬計的人在做同樣的事。跟他們一樣，這些人都在七十歲到九十歲之間。

他們健康快樂，頭腦清楚活躍，充滿生命力，並且非常有生產力。可是，別被騙了；他們——還有我們所有人——都會在一切完結之前，放慢自己的步伐。

之後是日夜交替的薄暮時分，介於此岸與彼岸之間，介於人世與永恆之間，就在幽明之際，我們跨往彼岸的那一步開始大過跨在此岸的這一步。於是，我們對這個世界的牽繫逐漸淡出，我們開始更注意另一個地方。

這並不是說，人生此時是個靜態的階段，無意義的階段。非也。

這段時間也許是在老人院、醫院、安養中心，我們的注意力特別集中，如雷射光般洞察生命——自己與每個人的生命——我們的意識新鮮玄奇，開始了解以前根本沒有考慮過的事情：時間的意義，美感的超越一切，觸摸的強大力量。

接著，一點一點的，往日的牽掛逐漸迷離模糊，今天，每件事看起來都不再像昨天那麼重要。我們也知道，所有這些事情——曾經讓我們放不開的這些事情——都不再能扣住心弦。它們全將消失在生命的熔爐裡，被融化成虛空。

為了這類事情，我們一度付出生命，而今幾乎記不得那是些什麼事情。我們為之哭泣，為之煩惱，為之結束關係，然後又為了同樣的理由而開始新關係。我們為了現在明白是微不足道的事情而付出過生命。如今，我們很平靜。

狂飆已經結束。死亡已經開始。人生對我們已經夠好的了。我們已經走到底，就差最後的那一幕。跟至今一直放不開的事情相較，現在要考慮的事情更重大。如今我們必須想個辦法，去跟那些拒絕承認我們正在離去的人道別。如今我們必須決定，去以一個新的、靜靜的方式度過這段人生。必須自內在激起足夠的興致，使自己處於當下，至少再做一次，就算是為那些特地來到我們當下的人。

不過，我們自己的工作尚未完成。

薄暮時分，如同之前的所有時光，不會無所為而存在。它自有任務、有包袱、暗中也有禮物要給我們。

薄暮時分是相信的時光。萬事都脫離了自己的掌握。我們已經善用了最後的歲月，我們已經拿出了全副精力去活。而現在，我們必須相信，毫無精力的這段時間將以另一種方式開啟我們，也向身邊的人開啟。我們必須相信自己的醫生、自己的看護人員、自己的處境、自己的解脫歷程。我們必須容許自己被人照料，並且相信照料自己的人在我們這裡正有所得，一如我們在他們那裡有所得。

我們必須召喚耐心，以度過疼痛，應付呼吸，面對他人加諸我身的時刻表。我們把自己交付給漫長的死亡歷程，一條肌肉一條肌肉的死去，一次度過一刻。

現在我們有時間給一種新的力量，也有時間給衰弱——後者能夠擷取前者的果實。我們需要力量才能好好承受自己絲毫無法改變的事實。

有一種力量，一種新的尊嚴，來自於好好的承受衰弱，來自於（按照一般標準）在沒有多少東西能令人微笑面對時依然微笑，來自於相信死亡是新生命出世前的必經歷程。

現在應該束手向「接受」投降了。這可能是成人以來我們首次進入完全依賴他人的時期，將被要求去接受不去抗拒，去歡迎不去質問，去相信不去懷疑。

我們仍將有許多與人對話的機會。這是我們最後一次去做個誠實的人，開放的人，感激的人，有耐性的人，可愛、愛人且被愛的人。

這是將自己融入上帝的時候。現在，脫口而出的將是誠實的、抱著希望的言語。這個時候將達到其他歲月裡所學一切的巔峰。介於我們與永恆之間的面紗開始撕裂，而我們緩慢的穿越它，隨時待命、完全開放、交由上帝的心來處置。

我們現在知道，這個生命是一個整體。第一部分很好，好得不得了。所以，我們何必有一絲疑心，以為下面的那一半會不好呢？

現在，大祕密即將自行揭開。現在，時間完整了。現在，時間完結了。現在，只是時間的開端。

心理勵志 BBP456A

老得好優雅

The Gift of Years: Growing Older Gracefully

作者 — 瓊・齊諦斯特 Joan Chittister
譯者 — 唐勤

總編輯 — 吳佩穎
人文館總監 — 楊郁慧
責任編輯 — 楊郁慧、陳孟君、郭貞伶
封面設計 — 謝佳穎
內頁設計 — 陳聖真

出版者 — 遠見天下文化出版股份有限公司
創辦人 — 高希均、王力行
遠見・天下文化 事業群董事長 — 高希均
事業群發行人／CEO — 王力行
天下文化社長 — 林天來
天下文化總經理 — 林芳燕
國際事務開發部兼版權中心總監 — 潘欣
法律顧問 — 理律法律事務所陳長文律師
著作權顧問 — 魏啟翔律師
社址 — 臺北市 104 松江路 93 巷 1 號

讀者服務專線 — 02-2662-0012 ｜傳真 — 02-2662-0007；02-2662-0009
電子郵件信箱 — cwpc@cwgv.com.tw
直接郵撥帳 — 1326703-6 號　遠見天下文化出版股份有限公司

製版廠 — 中原造像股份有限公司
印刷廠 — 中原造像股份有限公司
裝訂廠 — 中原造像股份有限公司
登記證 — 局版台業字第 2517 號
總經銷 — 大和書報圖書股份有限公司｜電話 — 02-8990-2588
出版日期 — 2010 年 4 月 30 日第一版第一次印行
2022 年 10 月 13 日第五版第一次印行

國家圖書館出版品預行編目(CIP)資料

老得好優雅 / 瓊.齊諦斯特(Joan Chittister)著
; 唐勤譯. -- 三版. -- 臺北市 : 遠見天下文化,
2017.03
面；　公分
譯自 : The gift of years : growing older
gracefully
ISBN 978-986-479-161-3(平裝)

1.老年心理學 2.老化 3.生活指導

173.5　　106001669

定價 — NT380 元
EAN — 4713510945476
書號 — BBP456A
天下文化官網 — bookzone.cwgv.com.tw

天下文化
BELIEVE IN READING